口絵 1　津波を体験した子どもが描いた絵　［p. 89 参照］

口絵 2　津波を体験した子どもが配置したドールハウスの家具や人形　［p. 94 参照］

口絵3　発達障害がある子どものバウムテスト［p. 103, 108 参照］

口絵4　選択性緘黙の子どもによる箱庭（再現）［p. 128 参照］

情動学シリーズ
小野武年 監修

Emotional
Development
and
Education

情動と発達・教育
――子どもの成長環境――

伊藤良子
津田正明
編集

朝倉書店

情動学シリーズ　刊行の言葉

　情動学（Emotionology）とは「こころ」の中核をなす基本情動（喜怒哀楽の感情）の仕組みと働きを科学的に解明し，人間の崇高または残虐な「こころ」，「人間とは何か」を理解する学問であると考えられています．これを基礎として家庭や社会における人間関係や仕事の内容など様々な局面で起こる情動の適切な表出を行うための心構えや振舞いの規範を考究することを目的としています．これにより，子育て，人材育成および学校や社会への適応の仕方などについて方策を立てることが可能となります．さらに最も進化した情動をもつ人間の社会における暴力，差別，戦争，テロなどの悲惨な事件や出来事などの諸問題を回避し，共感，自制，思いやり，愛に満たされた幸福で平和な人類社会の構築に貢献するものであります．このように情動学は自然科学だけでなく，人文科学，社会科学および自然学のすべての分野を包括する統合科学です．

　現在，子育てにまつわる問題が種々指摘されています．子育ては両親をはじめとする家族の責任であると同時に，様々な社会的背景が今日の子育てに影響を与えています．現代社会では，家庭や職場におけるいじめや虐待が急激に増加しており，心的外傷後ストレス症候群などの深刻な社会問題となっています．また，環境ホルモンや周産期障害にともなう脳の発達障害や小児の心理的発達障害（自閉症や学習障害児などの種々の精神疾患），統合失調症患者の精神・行動の障害，さらには青年・老年期のストレス性神経症やうつ病患者の増加も大きな社会問題となっています．これら情動障害や行動障害のある人々は，人間らしい日常生活を続けるうえで重大な支障をきたしており，本人にとって非常に大きな苦痛をともなうだけでなく，深刻な社会問題になっています．

　本「情動学シリーズ」では，最近の飛躍的に進歩した「情動」の科学的研究成果を踏まえて，研究，行政，現場など様々な立場から解説します．各巻とも研究や現場に詳しい編集者が担当し，1）現場で何が問題になっているか，2）行政・教育などがその問題にいかに対応しているか，3）心理学，教育学，医学・薬学，脳科学などの諸科学がその問題にいかに対処するか（何がわかり，何がわかって

いないかを含めて）という観点からまとめることにより，現代の深刻な社会問題となっている「情動」や「こころ」の問題の科学的解決への糸口を提供するものです．

　なお本シリーズの各巻の間には重複があります．しかし，取り上げる側の立場にかなりの違いがあり，情動学研究の現状を反映するように，あえて整理してありません．読者の方々に現在の情動学に関する研究，行政，現場を広く知っていただくために，シリーズとしてまとめることを試みたものであります．

　2015 年 4 月

小野武年

●序

　人間の行動には情動が大きく関わっている．今日，世界中でテロや戦いが起こっているが，こうした破壊的な行動をもたらしているのも情動である．
　戦後の日本社会では，アメリカの後を追うように，自閉症や不登校が急速に増加したが，近年では，保護者による虐待やいじめによる自殺・子どもの暴力など，子どもをめぐって生死に関わる深刻な事態すら生じている．また，自尊感情についての調査では，日本の子どもは，諸外国に比して低いという結果が報告されている．
　このような子どもの教育に関する重要な今日的課題の根底には，情動が大きく関与しているのであるが，この情動が創造的な活動のエネルギーとなるか，衝動性の源となるかは，個々の人間に与えられた特質のみによって決定されるのではない．各人が胎内に生を得た後に体験してきた環境の質が作用する．早期段階から安心できる人間関係が樹立されなかった場合，関係性が希薄となり，情動の分化がなされず，言葉などによる象徴化と他者との共有が困難になって，衝動的行動に至ることにもなるのである．
　本書は，「情動と発達・教育」というテーマのもと，2部構成で執筆されている．最初の解説編では，情動の分化や象徴化がどのように可能になるか，人間と人間との関係性の次元と個体内のヒト細胞についての分子生物学の次元の両側面から論じられる．まず，第1章では，心理臨床学の観点から，子どもの心的成長における他者との関係の重要性と情動の分化や象徴化について，自閉症の心理療法の場面で生じてきたことをもとに詳述される．第2章では，分子生物学の観点から，脳細胞や分子レベルにおける情動の発達に関係しているメカニズムが概説されるとともに，脳の生後発達に影響を与える環境について実験結果をもとに考察される．さらに第3章では，情動はその神経回路を構成する神経細胞と脳内環境によって構築されるとの観点から，とくに子どもの社会性の発達について，最新の自閉症研究の成果を踏まえて，分子的なアプローチの可能性が論じられる．
　以上のように，解説編では，人間の外的環境と人間個体の内的環境が取り上げ

られているが，両者それぞれの状態は，表裏一体の関係にあると言ってよかろう．

　それはどのような状態か．次の事例編において，その点を検討するために，具体的な事例を提示する．第4章では，虐待により施設入所を余儀なくされた子どもが抱えた問題，第5章では，大震災で子どもが受けた心的被害，第6章では，発達障害，第7章では，子どもの神経症，第8章では，不登校，第9章では，いじめをめぐる問題，第10章では，保育所・幼稚園で発見される心理的問題を取り上げて，心理療法という人間関係の場において生じた子どもたちの成長過程を明らかにする．

　本書は，11人の執筆者によって書かれている．全体を通しての用語統一は必ずしも行わず，各執筆者による表記方法を生かした部分もある．本書全体を通して，子どもの成長に寄与する環境の質の重要性について，改めて読者の認識が深められることを切に期待したい．

　2015年8月

伊藤良子

● **編集者**

伊藤 良子　学習院大学大学院臨床心理学専攻
津田 正明　富山大学大学院医学薬学研究部（薬学）（現 富山大学研究戦略室）

● **執筆者**（執筆順）

伊藤 良子　学習院大学大学院臨床心理学専攻
津田 正明　富山大学大学院医学薬学研究部（薬学）（現 富山大学研究戦略室）
内匠　透　理化学研究所脳科学総合研究センター
村松 健司　首都大学東京学生サポートセンター学生相談室
佐藤 葉子　仙台幼児保育専門学校・宮城学院中学校高等学校
黒川 嘉子　奈良女子大学研究院生活環境科学系臨床心理学領域
倉光　修　放送大学
吉川 眞理　学習院大学文学部心理学科
本間 友巳　京都教育大学
広部 博美　宝塚市教育委員会事務局学校教育部教育支援室教育支援課
滝口 俊子　放送大学名誉教授

●目 次

解 説 編

1. 子どもの成長過程における人間関係―人間に内在する柔軟性と多様性を見据えて― ……………………………………………………［伊藤良子］…2
  1.1　子どもに内在する柔軟性 …………………………………………………3
  1.2　子どものあり方の多様性 …………………………………………………13
  おわりに ……………………………………………………………………………19

2. 脳の発達に影響を与える成長環境と分子生物学的考察 ……［津田正明］…20
  2.1　生後の視覚神経系の発達 …………………………………………………21
  2.2　幻肢と共感覚における脳神経回路形成 …………………………………24
  2.3　神経活動依存的な神経回路形成 …………………………………………28
  2.4　情動発達とエピジェネティックス ………………………………………31
  2.5　神経細胞新生におけるエピジェネティックス …………………………38
  2.6　情動発達と調節系入力による遺伝子発現制御 …………………………42
  2.7　化学物質による影響 ………………………………………………………50
  2.8　遺伝的変異との関連性 ……………………………………………………52
  おわりに ……………………………………………………………………………53

3. 分子生物学からみた社会性 ……………………………………［内匠　透］…58
  3.1　自閉症 ………………………………………………………………………60
  3.2　自閉症のモデルマウス ……………………………………………………61
  おわりに ……………………………………………………………………………64

事例編

4. 施設入所児が抱える問題 ……………………………………[村松健司]…68
   - 4.1 子どものための施設 ………………………………………………68
   - 4.2 児童虐待とは ………………………………………………………71
   - 4.3 施設における虐待を受けた子どもへの支援 ……………………77

5. 大震災が子どもに与えた影響 ………………………………[佐藤葉子]…84
   - 5.1 大震災が子どもに与えた心理的影響 ……………………………85
   - 5.2 遊戯療法事例 ………………………………………………………87
   - 5.3 被災地における遊戯療法の意義―子どもたちの『語り』に寄り添うこと― ………………………………………………………………97
   - おわりに ……………………………………………………………………98

6. 発達障害がある子ども …………………………………………………100
   - 6.1 発達障害について ………………………………………[黒川嘉子]…100
   - 6.2 事例の概要 ………………………………………………………102
   - 6.3 事例の考察 「心」の世界を表現する場における情動状態の共有 ……108
   - 6.4 発達障害への心理的援助 …………………………………………110
   - 6.5 発達障害、とくに Autism Spectrum Disorder（ASD）について
     …………………………………………………………[倉光 修]…111
   - 6.6 黒川の疑問に答える試み …………………………………………113
   - 6.7 ASD の人々にとって力動的心理療法は無効か …………………115
   - 6.8 黒川の担当したケース ……………………………………………118

7. 子どもの神経症 …………………………………………………[吉川眞理]…121
   - 7.1 子どもの神経症とは ………………………………………………121
   - 7.2 子どもの神経症の発生―生育過程における心の傷つきへの反応として―

                    …………… 123
 7.3 子どもの神経症の治療の実際—遊戯療法について—……………… 126
 7.4 子どもの心の成長と神経症………………………………………………… 132
 7.5 神経症の治癒をもたらすイメージの役割………………………………… 135

8. 不登校をめぐる問題 ……………………………………… ［広部博美］… 140
 8.1 事例を通して………………………………………………………………… 141
 8.2 考察…………………………………………………………………………… 147
 おわりに………………………………………………………………………………… 151

9. いじめをめぐる問題 ………………………………………… ［本間友巳］… 153
 9.1 いじめとそのイメージ……………………………………………………… 153
 9.2 いじめと関連する行為群…………………………………………………… 154
 9.3 いじめの定義の変遷とその意味…………………………………………… 155
 9.4 いじめと情動………………………………………………………………… 159
 9.5 認知件数の推移と情動……………………………………………………… 160
 9.6 事例から……………………………………………………………………… 163
 9.7 負の情動の反復……………………………………………………………… 165
 9.8 思考の影響と負の情動からの解放………………………………………… 166

10. 保育所（園）・幼稚園で発見される心理的問題 ………… ［滝口俊子］… 170
 10.1 保育カウンセリングの観点……………………………………………… 171
 10.2 保育現場における観察…………………………………………………… 172
 10.3 保育所（園）・幼稚園で発見される問題……………………………… 173
 10.4 保育カウンセリングの課題……………………………………………… 177
 おわりに………………………………………………………………………………… 179

索　引…………………………………………………………………………………… 181

解説編

子どもの成長過程における人間関係
― 人間に内在する柔軟性と多様性を見据えて ―

　子どもの情動の強さや質は，一人ひとり異なっている．すなわち，子どもは様々な特質を持って生まれてくる．心的エネルギーの強い子どもも弱い子どももいる．しかしながら，今日，子どもの「個性」の尊重がうたわれているにもかかわらず，子どもに内在する柔軟性や多様性に対して，深い理解がなされているとは言いがたい状況が生じている．子どもを巡る深刻な問題が増加していると同時に，思春期のみならず成人期に至って，衝動的行動が突然のように顕在化してくる事態が起こっているのも，それゆえと考えられるのである．そこには，情動の対象化や分化という人間の重要な課題がある．

　このことは，物質的環境や教育制度などの社会的環境が整備されてきたことと決して無関係ではない．物質的・社会的豊かさを獲得したことによって，われわれは，子どもを医療機関で出産し，その後の教育は教育機関などに任せることにもなった．さらに今日，生殖医療をはじめ人間の心身に関わるあらゆる領域での技術が，それをどのように受け取るかの心の準備がないままに急速に進歩している．こうして，子どもの成長過程において，子どもの命を守り子どもと向き合う機能は，社会に委ねられることにもなり，「個」としての主体的関わりが二次的なものになっていったと考えざるを得ない状況が生じているのである．

　以上のような今日的状況を踏まえて，本章では，人間とくに子どもには，われわれの常識をはるかに越える柔軟性と多様性が内在していることに焦点を当て，最早期段階からの成長過程における「個と個」としての人間関係と，そこに「象徴化」としての言葉が誕生することの重要な意義について論じる．この過程において，子どもは，情動としての存在から情動を感じる存在へと成長していくと言えよう．

　まず1.1節において，子どもの柔軟性について，1.2節では，その多様性につ

いて取り上げる．

1.1　子どもに内在する柔軟性

　子どもは，他からの影響を否応なく受けて，人間形成を行ってゆく．この事実は，子どもが影響を受けるような「柔軟性」を持っていることを示している．人間は人間として生まれてくるのであるが，人間の誕生は，人間になる出発点に立ったのであって，そこから人間になる道が始まる．ここに，人間が抱える二重性がある．そこで重要になるのが，子どもは，このような柔軟なとらえがたい自己を，どのようにして1個のまとまりある〈私〉という存在として認識するに至るかということである．これこそ，人間としての最も本質的な心的作業であると言えるが，子どもにおいて，他者に見える存在としてこの世界に定位されている自己の対象化は，どのようにしてなされるのだろうか．

　われわれは，自らの姿を直接に見ることはできない．しかしながら，外的存在を「見ること」によってそれは可能にされる．鏡を通して自己を見るように，である．ラカン（Lacan, J）は，生後6か月から18か月ごろの乳児が，自分の鏡像を自己像として認識するに至ることの重要性に注目して，それを「鏡像段階」と呼び，そこには，外的存在において自らを見るという同一化の機制が生じていることを明らかにしている[1]．また，ウィニコット（Winnicott, DW）は，ラカンとは異なった水準で，鏡としての母の機能について述べている．たとえば，他者が笑顔で子どもを見れば，子どもは自らを良き者と感じるが，反対に，他者が，怒った顔や悲しそうな顔を子どもに見せれば，子どもは，自らを悪い者と感じる．子どもは，他者を媒介として，自分自身がどのような存在かを把握するのである．したがって，自分が見る他者のあり方によって，子どもの自己認識は異なってくる．

　このような同一化の機制は，決して人間だけに生じるものではない．後に述べるように，鳥類に現れる「刷込み」の現象は，まさしく同一化の機制である．この「刷込み」においては，「見ること」が決定的な重要性を持っている．付言すれば，人間の子どもは，誕生前から様々な感覚器官によって外界と相互作用を始めているのであるが，子どもからの外界への働きかけとして，とりわけ重要になってくるのが，誕生後の「見ること」である．運動能力においては全く未熟な状態にある誕生直後であっても，「見ること」は始まっている．このことは，非常に

注目すべき現象である．

a. 子どもは，誕生するやこの世界を「見ること」によって探索しはじめる

　生後数日の新生児が，水平に並んだ2つの点を眼球だけ動かして注察することは，すでに1970年代に報告されている．このことを明らかにした黒丸は，これを原始反射の1つである眼球運動としてとらえている[2]．しかし，この2つの点は，2つの眼に類似していることを鑑みると，乳児の最初の関心を引くものは，眼であることを示していると考えられるのである．この凝視に母子の強烈な出会いの瞬間があると言っても過言ではない．それにもかかわらず，こうした報告がなされるのは，非常に稀である．新生児には視力や聴力はほとんどないと考えられていた時代では，そのような見方で赤ん坊をとらえなかったことは理解できるが，赤ん坊の能力が明らかになってきた現在でも，同様である．医療機関での出産が一般的になった今日，普通分娩であっても，出産直後に母子がともに居てずっと顔を合わせ得る状況になることは，あまりないのであろうが，さらに言うなら，その凝視は，原始反射と見なされたように，人間同士が眼差しを交わし見つめるという次元の視線ではないことによると思われる．

　さて，人間の赤ん坊において出生直後に生じるこうした凝視は，ローレンツ（Lorenz, K）らが鳥類に見出した「刷込み」の現象とも共通する人間に生来的に与えられた大きな特質としてとらえられるのではないかと，筆者は考えている．その根拠は，自閉症（自閉スペクトラム症）の幼児の心理療法に生じてきた現象に基づくが，それについては後に詳述する．

　鳥類の多くに，この世に生を受けて最初に見た生きもののイメージを自己に厳密に刷り込むという現象が見られる[3]．こうした現象が主に鳥類に生じるのは，どうしてだろうか．赤ん坊には，自らの生命を維持するための，その種特有の能

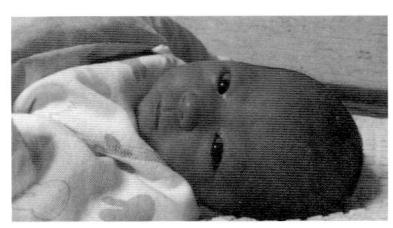

図1.1　生後9日目の赤ちゃん

力が生来的に備わっている．たとえば，子ザルには，出生直後から，手足による把握反射やしがみつき反射・接触欲求が備わっている[4]．こうして，母ザルにしがみついて吸乳し，生命を維持することができる．また，母子一体になって移動することができるので，危険にさらされることは少なくなる．しかし，鳥類は，親鳥にしがみつくことができない．親鳥が餌を探しにいっている間，子どもは巣に残されている．帰ってきた親鳥を見れば，ピヨピヨと鳴いて自己の存在をアピールし餌を要求するのであるが，その際，親鳥と他の恐ろしい鳥との区別ができないならば，命を失うことにもなる．したがって，自分の親鳥をしっかりと見て，親鳥として認識する能力が，何よりも大切になってくるであろう．

　サルと鳥類のこうした違いは，遺伝子が複雑な調整機能のもと環境との相互作用において発現される過程で，生命維持がなされた個体の遺伝子が継承されたことによると考えられる．遺伝子の柔軟な感受性を改めて認識させられるのである．

　では，他の哺乳類とは異なって，自力では母の乳を得ることができない未熟な状態で誕生する人間には，親に放置されないために，どのような特質が備わっているのだろう．人間の赤ん坊の手足は，サルのように把握反射やしがみつき反射はなく，母子が終始密着して移動することはできない．この点については，霊長類研究者による指摘が参考になろう．河合らは，生物社会学の立場から，「サルからヒトを分かつ決め手」は家族であると言う．狩猟によって得たものを家族に持ち帰り，子どもらに分配するという父系的なものと，母との強い血縁制の絆によって家族を析出させたのである[5]．他方，自らの力で動くことができない乳児は，ひたすら「見ること」によって，そうした親を他者と区別して認識する能力を発揮することになったと考えられよう．

　誕生直後に見られるこのような凝視は，3〜4週間で消える．その後，興味ある対象を注目して見るようになり，生後3か月ごろになると，乳児は，自分の手をまじまじと見て遊ぶようにもなる．対象が自己に向いている自体愛段階のこの時期に，手や足などの身体の部分において，自己の探求がすでに始まっているのである．しかし，この3か月ごろは，対象との関係も，「部分的対象関係」に留まっており，全体像は把握されていない．また，内界と外界の分化もいまだなされていないために，乳児にとって最も混乱した不安な時期であることをクライン（Klein, M）は明らかにしている．クラインは，この時期のあり方を「妄想分裂態勢」と呼び，妄想的とも言えるほどに圧倒的に主観性が優勢な状態にあり，子どもを

取り巻く世界は善悪に分裂したものになっていると述べている．すなわち，子どもは，快の状態にあるとき，世界を良きものと感じ，不快が優る場合には自分を取り巻く世界を迫害的に感じるというのである[6]．

このような自己も世界も混乱した時期に，乳児の前に現存し続ける他者の姿は，世界の恒常性を感じさせるとともに，自己の理想の全体像を提示することになる．こうして6か月ごろになると，乳児は，その他者に同一化し，鏡像を自己像として認識し得る鏡像段階に至るが，それは単なる知的な発達によるのではなく，ラカンが言うように「この上もない心的関係」において実現されるのである[7]．

筆者は，このような乳児の「見ること」の重要な意義を，自閉症の遊戯療法過程に生じた現象に見出し，そこに，自閉症の心理療法の大きな手がかりがあることを示している[8]．その遊戯療法の経過は，「早期幼児自閉症」の最初の報告者であるカナー（Kanner, L）において，「自閉」の病態識別的特徴とされた「強迫的な同一態維持への欲求」と「極端な孤立」の2点が，まさしく「見ること」に収れんして現れてくることを明らかにするものであった．しかし，自閉症における視線を合致させることがない状態について，たとえば，リムランド（Rimrand, B）は，脳幹網様体の障害から生じる昏睡状態ととらえ[9]，また平井は，「相手の動きに関心の薄い自閉症児では，目と目を合わす必要はない」と述べていたのであった[10]．今日，自閉症における視覚優位のあり方が，認識されるようになり，TEACCHなどの視覚を用いた生活指導も広がってきているが，しかし，そこに「見ること」は，人間に共通する本質的あり方であるとの視点はなく，「障害」に対する対応として位置づけるに留まっていよう．

それに対して，次に報告する心理療法過程は，このような「自閉」ととらえられた子どもたちの中核群のあり方は，他者との関係性が全くと言えるほどに築けないがゆえに，他者に頼ることなく，孤立無援で，この世界を「見ること」によって懸命に把握しようとしている状態であることを示している．実際，筆者が遊戯療法を行っていたある子どもは，通所の途中に乗る電車の駅名を，「見ること」によってすべて覚えていたばかりか，世界地図によって各国の都市名を記憶するようになった．また，他の子どもは，常に新聞を手から離さず，新聞のテレビ番組欄とテレビを「見ること」によって時間を把握していたのである．

このように，彼らは，人間ではなく，自分の力で操作できるモノや常同的な動きをしているモノのみ見るのであるが，その結果，他者からの「極端な孤立」

という状態となる．しかしながら，多くの場合，彼らの見る対象は，電車や扇風機・水の渦・ヒラヒラと動く紙切れ・テレビのキャラクターなどの動くものである．カナーの報告した子どもにおいても，「回せるものなら何でも喜んで回した」ことが記載されている[11]．そこに，単なる無機物に対する関心ではない，「動くもの」に心引かれる彼らの強い思いこそが垣間見えるのである．しかし，彼らにとって，主体性を持って動く人間は，モノとは違い，行動が予測できず脅威となる．それゆえ，「見ること」を避けざるを得ないのであろう．

さらに言えば，レオナルド・ダ・ヴィンチが，常に手帳を持ち歩いて，鳥，渦などの自然の動きや，さらに人間の身体についても，実際の死体を見て，その内臓の解剖図を何枚も描いたのも，飛行機を作成したのも，同様の関心からではなかったかと思われる．

彼は多くの手稿を残しているが，そこに記された字は，すべて左右が逆転した鏡文字であったことも，自閉症と共通する点である．なお，このようなレオナルドが，超天才として後世に名を残したのは，その育ちが，非嫡出子という出自のために，公証人であった父の職を継ぐ躾や教育がなされず，彼の本来的あり方を自由に発揮させるものであったことも大きく寄与していたと考えられるのである．

しかしながら，自閉症のこうしたモノをのみ見るあり方においては，他者との出会いは困難になる．したがって，自己との出会いも生じず，この世界に自己を位置づけるという重要な作業が難しくなる．われわれは，自らの全身像を直接に「見ること」はできない．したがって，自己の存在を対象化してとらえることができない．しかし，他者との出会いが生じることによって，他者において自己を「見ること」が可能にされる．こうした他者において自己を「見ること」が，自閉症の心理療法に生じたのである．

次に自閉症の幼児の心理療法過程を示し，通常では明らかにされない，人間が人間として成長するための重要なこの過程を，彼らの創出する遊びから理解していく．

b. 他者との出会いによって，他者において自己と出会う

A（4歳，男児）は，言葉もない重度の自閉状態にあった．心理療法は，週1回，1時間，5人の児童と2人のセラピスト（筆者とセラピストB）による集団で，2年間実施された．子どもの表現は，遊びを通してなされるので，本事例において

も遊戯療法がなされた．また，Aには個別の関わりが必要であると考えられたので，集団遊戯療法ではあったが，筆者が主にAに関わった．

遊戯療法開始当初のAは，電車を眼前で左右に動かして見続ける常同行動に終始していた．筆者と視線を合わすこともなかった．筆者が背後にそっと近づいただけで，その行動が阻止されると感じるのか，後ろ手で押しやるようにして全く避けた．また，本児の置いていた電車を，他児が動かすとパニック状態になり，筆者が急いでそれを元の位置に戻すということもあった．

しかし，回を重ねるにつれて，筆者への要求が生まれてきた．その最初は，Aが電車を持って，電車を見つつ滑り台を滑ったときであった．筆者は，〈Aくん，滑るよ〉と，呼びかけながら，その後からAと同じように，しかし，脅威にならないように，間隔を開けて滑った．すると，Aは，滑り終わって部屋の端まで走っていった後，振り返って筆者の方を見た．さらにAが滑り，筆者がその後から，〈Aくん〉と，呼びかけて滑ることを繰り返すと，滑り終えるたびにAは，振り返って筆者を見るようになった．次いで今度は，筆者を見つつ滑った後に，筆者の手を引っぱって滑り台の方に押しやって，動作で筆者に滑るように要求した．言葉がなかったAは，このように動作で要求したのである．筆者が，それに応えて滑ると，Aは何度も同様に要求し，筆者は繰り返し滑った．そのような筆者を，Aは横目で見たり目を細めたりして見ていた．筆者を見るAの眼は，視線を交わすというものではなく，電車（モノ）を見ているかのようであったのであるが，しかし，筆者はAの要求を喜んで受け取り，そのたびに滑った．ここで生じていたことは，非常に重要であった．筆者が，Aと同じ行動，つまり，それはAが手に持っていた電車と同じ行動でもあるのだが，そのような行動をすることによって，彼の見る対象は，電車などのモノから人間である筆者に代わったのである．

次いで，Aは，筆者の手を取って，滑り台のすぐ横に連れて行き，そこに立たせた．筆者に見ていることを要求したのである．筆者が見守る中，Aは何度も滑った．ここでは，見る者が，Aから筆者に代わった．さらにAは，筆者を滑り台から少し離れた位置にあったジャンピングボード（直径1mの円形の台）に連れていき，そこに滑り台の方を向いて座らせ，横に並んで座って筆者に抱きついた後，もう1人のセラピストBのところへ行き，その手を取って滑り台に連れてきて，滑るように動作で要求し，筆者の横に戻ってきて座った．こうして

Aと筆者は並んで座って，セラピストBが滑るのを見たのであるが，AはセラピストBが滑るたびに横に居る筆者の方を見て目を合わせ，嬉しそうにニコッと笑顔を見せた．Aの目に初めて筆者に共感を求める思いや感情を感じ，筆者もまた嬉しかった．

以上の過程では何が生じていたのであろうか．滑り台を滑るセラピストBの姿は，もともとはAの姿であった．すなわち，まずAが滑った後，Aと同じように筆者は滑ったのであるが，Aは，その筆者の姿，つまり，Aの元の姿を繰り返し自分で見た後には，自分の姿を筆者に見るように求め，繰り返しAの姿が筆者に見られることがなされ，次いで，今度はセラピストBに滑り台を滑らせたのである．それを筆者にともに見るように求め，一緒に見るたびに筆者と目を合わせて喜んだ．この過程において，Aは，もともとはAが居た位置に居るB（つまりAの姿）を見るとともに，そのBを見る筆者の視線を見ることになった．こうして，彼は，自己像についての他者の視線を内在化させることになったと考えられるのである．

この場面では，1つの対象を2人で一緒に見る「共同注視」が生じている．今日，子どもの心の発達における共同注視の重要性が強調されるようになったが，なぜ，共同注視が重要かについて，ここで実際に生じた現象こそがみごとに示している．自閉症の幼児が自らこうした遊びを創出し発展させていったことにこそ注目しておきたいと思う．

それは，筆者が，Aにとって安心できるモノのような存在になったことによって，電車のように自由に使用することができるようになったからであろう．こうして，電車と筆者の違いをA自ら体験していった．電車は，彼が動かさない限り動かない．しかも，滑り台の上から手を離して滑らすと，そのままどこかへ行き，他者のものになってしまいかねない．しかし，筆者は，彼の求めに瞬時に応じ，なおかつそこに留まっている．そして，毎週，同じ場所で必ず待っていてくれるものであった．その意味で，筆者は，Aとは異なる別個の自律性を持った存在ではあったが，それゆえにこそ，彼の求めるものを的確に感じてそれに応えるものであった．こうしてAは，自分と同じ動きをし（同類性），かつ主体性（個別性）を持った他者の存在を安心して受け入れだしたのである．

共同注視を楽しんだ後，Aは立ち上がって，座っている筆者の身体の周りをぐるりと歩いて回り，耳・顔・全身を丁寧に見た．赤ん坊が母の顔を触って遊ぶ

ことはよく知られているが，それと同様の行動がなされたのである．こうした行動は，他者において自己の身体像を把握する重要な遊びと見なすことができるであろう．この時期に至ると，当初は，電車が他児に取られるとパニック状態になっていたAとは異なり，彼は自らの存在そのものに過敏に反応し，他児が，電車ではなく，彼自身に少しでも近づくと泣きだし，すぐに筆者のところに飛んでくるようになった．Aは，自己の存在を感じだしたのである．このような現象が生じたのは，モノに同一化していたとも言える状態にあったAが，筆者との安心できる関係を基盤にして，筆者の身体を通して，自己の身体像を把握し，自己の視覚像，すなわち，他者が見ているものとして存在する自己像を認識するに至ったことを示していると理解できる．筆者に対する同一化が生じたのである．

　以上のことは，彼の「見ること」，すなわち「自閉」が，この混沌とした恐ろしい世界を，ただ1人で生きる術であったことを明らかにしたものであると，筆者は考えている．この後，Aは，初めて言葉を発するのであるが，それはA自身の名前であった．その過程については，後に述べる．

　以上，自閉症の同一態維持欲求による常同行動においては，モノを「見ること」がなされているのであって，この「見ること」において，他者との出会いが生じるならば，その他者において，自己と出会っていく遊びが，自閉症の幼児自らによって創出し展開されていくことを示した．このような自発的な遊びの創出に，子どもに内在する柔軟性をこそ見ることができるであろう．この柔軟性を引き出したものは，「個と個」としての他者との関係性であった．子どもは，こうした関係性に守られて，自らの発達課題にとって意味のある重要な遊びを創出する．

c. 乳児期の「人見知り」の重要性

　先に，鳥類における「刷込み」の本質的な意義について述べた．雛鳥は，生後最初に人間を見ると，自分の親は人間だと思い，成鳥たちの中に戻そうとしても，そこから鳴きながら逃げ出して，人間の後を追う．

　同様の執拗な「後追い」が人間の乳児にも生じてくる．人間の乳児においては，生後8か月ごろになると，重要な他者（母など）に対する後追いが生じる．8か月ごろとは，やっと自力で動けるようになった時期であり，それまでは，後追いをしたくてもできない身体状態であったことを思えば，この時期まで，1人で放置されていた乳児の心細さが改めて理解されるであろう．したがって，この時期

になると，乳児は，片時もその他者の傍を離れないようになるのは，当然とも言えるのであるが，それと同時に，それ以外の他者への「人見知り」が生じる．こうした「人見知り」は，重要な他者とその他の者との明確な区別が可能になったこと，すなわち，重要な他者との安心できる関係性が生じてきたことを示す大切な指標となる．このような状態に至る時期が，鳥類と人間で8か月の違いがあるが，人間におけるこの間の体験は，非常に大きい．

　人間は，放置されると死ぬような身体的に未熟な時期を8か月間あまりも過ごす．初歩が可能になるのは，1歳ごろであるが，ハイハイなどで何とか移動ができるようになる8か月ごろのこの時期に，母の後追いが生じてくるのは偶然ではなかろう．誕生から8か月の間に，たとえば，内的な源から生じる不安や欲求不満から泣いたり，授乳後に心地良くなって乳房を唇で遊ぶなどして，否定的・肯定的両面の様々な情動が受け止められる体験がなされて，その他者との安心できる関係性が生まれているのである．この「個」と「個」の関係性を基盤にして，子どもは，自己と他者そして世界への安心感や信頼感を確立していく．したがって，その結果として，この時期に「人見知り」がない場合は，信頼感の基盤作りが十分になされていないことが想定されるのである．このように「人見知り」の有無は，その後の心の成長の重要な指標ともなる．

　この点について，筆者が心理療法を行った中学生女子の事例を取り上げて述べておきたい[12]．本中学生は不登校を理由に相談機関に連れてこられた．両親から，彼女には，乳児期に，先に述べたような母の後追いや人見知りがなかったこと，幼児期にも，母が不在になっても泣くこともなかったこと，などが報告されていた．また，誕生後間もなく，股関節脱臼が見つかって，ギブスを装着されていたとのことであり，自由が制限される状態で育ったと考えられた．しかしながら，両親は，こうした本児の状態を，育てやすくて良かったと受け取っており，親子関係の希薄さなどには全く気づかずにきたのであった．それゆえ，両親にとって，子どもの不登校は，青天の霹靂の事態であった．

　本中学生は，来談前には，登校を強く勧める親の対応に，死にたいと言って自室に閉じこもる状態になっていた．初回の来談時にも，泣きながら無理やり連れてこられるなど，不登校を契機に，親子関係に葛藤が生じていた．

　心理療法においては，初回面接の終わり近くには，涙も治まって，夢が語られた[12]．以降，夢を中心とした心理療法が行われたが，次回には，箱庭療法に自ら

関心を示し，砂箱に，まずトラを6頭置き，トラが鉄砲を持った狩人やカンガルーを殺し，沢山の動物をすべて支配している場面が表現された．狩人やカンガルーに父母像をも感じさせる場面であったが，内的世界がこのような状態にあったならば，彼女が学校に行けないのは，当然と思われたのである．その後は，親やきょうだいには心を開いて話すことはないことや，甘えや弱さを見せない自分のあり方が嫌なことなどが語られ，さらに，夢において，不登校になった意味を自らに問い，思春期の女性としての課題にも向き合っていった．こうして，再び登校するようになったのであるが，最終回には，新たな父親像と母親像が現れた夢が報告された．父が初めて夢に現れて，困っていた彼女を助けてくれ，また，母と食べ物を買いにいく夢が見られたのである．

　この事例は，不登校を契機にして，内的な親イメージも実際の親子関係も変化した．不登校が新たな親子関係を築く助けとなったとすら言えるのである．不登校になることは，子どもの成長にマイナスになるのではなく，むしろ，子どものみならず家族のあり方が変化する好機を与えることにもなると考えられるのである．

　このように，重要な他者との安定した関係性の確立は，子どもの心身の健康な成長の大切な基盤となる．しかし，同一化という観点から見るならば，自閉症と不登校には正反対とも言える違いがある．以下に述べておこう．

　両者を対比するならば，自閉症においては，そもそも重要な他者との同一化そのものが困難である．それが生きるうえで非常な困難をもたらすのであるが，それに対して，不登校では，反対に，重要な他者に対して過度の同一化が生じている場合がある．すなわち，不登校では，先の事例で示したように，親の躾に忠実に従う「良い子」として，自らの依存心や欲求そしてそれが満たされないことに対する怒りなど様々な思いを，表現することなく，あるいは，認識することすらもなく，内に抱えたまま成長する可能性がある．ここで見過ごしにしてはならない重要な点は，同一化とは，他者に対する同一化，つまり，他者になるということである．したがって，過度の同一化が生じている場合は，本来の自己のあり方を模索する衝動が，思春期・青年期になって起こってくるときに，通常以上に混乱が生じる．それが，様々な神経症などの状態像や衝動的な行動となって現れてくることにもなる．

　こうした同一化においては，理想となる外的な視覚像が，他者に見られる〈私〉

という自我形成の重要な手がかりを与えていることから，筆者は，これを〈私〉の生成の「外なる過程」と呼んでいる．この「外なる過程」は，人間の内的な欲求や情動を自らのものとして感じる過程とどのような関係にあるのか．人間は，危険や外からの刺激に非常に過敏な者もいれば，そうではない者もいる．各人様々な感受性を持っているからこそ，人類は，それぞれのあり方によって相補い合い，今日に至るまで長い年月にわたって生命を維持することができたのである．しかしながら，こうした人間のあり方の多様性は，他者への同一化が過剰になればなるほど押し殺されることになる．現代社会では，その状態が加速化されている．

次の節では，子どものあり方の多様性が，他者に受け止められる過程の重要性について詳述する．このような内的な多様なあり方に関わる過程を，筆者は，先に述べた〈私〉の生成の「外なる過程」に対する「内なる過程」と呼んでいる．この「内なる過程」は，先に自閉症児の事例において，筆者に対する安心感が生まれてきた後に，Aと筆者の間に起こってきたことであった．それは，「心の器」としての他者の機能に関わるものであった．

1.2 子どものあり方の多様性

子どものあり方の多様性は，先に述べてきた柔軟性と密接な関わりを持っている．人間は，遺伝子の水準では，他の動物とそれほど変わらないのであるが，人間同士でも全く同じではない．人間は，その指紋が皆違うように，それぞれの生来的なあり方は非常に多様である．そのような多様性を持ちつつ，人間は，他者に同一化して〈私〉という存在を生成していく．すなわち，人間が人間になるとは，他者になるということである．したがって，そこには，本来のあり方と，他者に同一化して作り上げたあり方とのズレが，必然的に生じてくる．人間が，自己とは何かという問いを一生探究するのは，それゆえであろうが，他者との同一化の過程で，多様性を持った本来的な自己との出会いがどこまで可能かが，重要になってこよう．以下にその過程を見ていこう．

a. 乳児の寄る辺なさと内的世界の豊かさ

人間の乳児は，他の哺乳類とは異なり，自ら立ち上がって母の乳房に近づくこともできない未熟な状態で誕生する．こうした状態を，ポルトマン（Portman, A）は「1年間生理的早産」と呼んだが，まさしく0歳児のこの1年間は，フロイト

(Freud, S) が「寄る辺ない」と表現したような全く無力な存在である．

しかしながら，こうした無力さにもかかわらず，生まれたばかりの新生児でさえも，様々に外界を感じる力を持っていることはすでに述べたとおりである．このことは，今日の乳児研究においても実験的に明らかにされているが，こうした研究にずっと先立って，ベンダー（Bender, L）の論文[13]に「15世紀のフレデリック2世王による」として紹介された言葉の実験は，今日増加している不適切な養育を受けた子どもに生じる深刻な影響について，重要な示唆を与えるのみならず，新生児における感じる力をこそ示すものであった．

この実験の目的は，子どもは，どのような言葉を自発的に話すようになるかを調べることであった．実験方法は，親のいない新生児たちを施設に集め，看護師に次のように命令した．食事やおしめ替えなどの身体的な世話を十分にすること，しかし，決して子どもに話しかけたり，情緒的な関わりをして愛情のしるしを示してはならないこと，この2点が厳命された．こうして，王は，子どもが何語を話しだすか，古代のギリシャ語か，ヘブライ語か，ラテン語か，あるいは母国語かと，その結果を楽しみに待ったのである．その結果は，言葉を話すどころか，すべての子どもが幼くして死亡したという悲惨なものであった．

この衝撃的な実験の結果が示していることは，子どもは，物質的に満たされても，他者の働きかけなくしては，つまり，自分を守る他者の存在を感じ取ることがなかったならば，死に至るということである．実際，人間の新生児は，自分の力では生命を維持することができない．いわば，死と隣合せの存在である．こうした子どもの原初的な不安（死の不安）と，その不安ゆえに生じる怒りに対する報復を恐れる被害妄想的な内的世界については，クラインが子どもの遊戯療法を通じて，詳細に明らかにしているところである．

また，筆者は，自殺企図を繰り返すなどの重症神経症の青年たちの心理療法において，その重要な転回点に現れた死の夢を報告し，青年期に至っても子ども時代からの死の不安が強く作用していることを明らかにしている[14]．この死の不安は，心理療法が順調に進めば，強迫や抑うつなどの症状にとって代わって顕在化してくる．したがって，心理療法においては，死の不安が活性化されるという危機的状況の中で，死の不安が生き抜かれるという二重層の仕事を可能にするものでなければならないのであるが，この過程において，しばしばクライエントの攻撃は最高度に達する．そこで，心理療法に携わる者は，自己も他者も破壊してし

まうような，この激しい攻撃の中にあって，それがクライエント自身を維持し，肯定するための戦いであることを銘記し，その攻撃から彼ら自身を守らなければならないのである．

　重症強迫神経症のある青年は，乳児期に夜泣きが非常に激しく困らせられたことが親から報告されていた．上述のような心理療法において，不安による行動化が治まるとともに明らかになったことは，両親の不安の強さであった．そうした不安が代々引継がれてきたのであった．しかし，これを人類の歩みという大きな視点から見るならば，不安な状況に対する過敏さこそ，人類の祖先が過酷な環境を生き残るための重要な機能を果たしてきたことに思い至る．自然の脅威を改めて認識させられる昨今，強い不安を受け継いでいるあり方を，畏敬の念を持って共有する時代が戻ってきたと言えるのである．

　以上のように，人間のあり方は非常に多様であり，その情動の強さもそれぞれ大きく異なっている．それが，幼いときから他者に共有されることがないまま，時には押し込められて成長した場合には，現実の場において衝動的な行動として突出することも生じてくるのである．

　ベンダーの紹介した実験は，目的や仮説は全く不適切なものであったが，新生児が非常に強い不安にさらされていることを，そして，自分を守る他者の存在を感じることができなかったとき，その不安が強化されて死に至るという結果を如実に示すものであった．同時に，彼の実験は，生まれたばかりの新生児であっても，他者の働きかけを感じる力を持っていることを示唆しているのである．さらに言うなら，この誕生時の身体的な無力さゆえに他者の守りを必須とするというあり方こそが，人間の今日に至る進化や分化・学問の発展に大きく寄与したのであって，その中核にあるのが，言葉の獲得である．

　しかも，人間の言葉は，単に伝達の道具つまり記号ではなく，象徴化の機能を持つものであることを強調しておかねばならない．伝達の機能については，他の生物においても食物のありかを仲間に伝える能力が備わっている場合があるが，象徴化の機能としての言葉は，人間に特有のものである．先に述べた実験においては，食物は与えられても，言葉による働きかけがなされなかったことによって，子どもの命が断たれてしまった．言葉には，食物という実体を越えて命を育む機能があることを示唆していると言えよう．それが，次に述べる言葉が持つ象徴化の機能である．

b. 初語について

　人間の乳児は，生後1年ごろに，言葉を発するようになる．それを初語と言う．これは，人間の本質的あり方とも言える事象であるが，初語としては，どのような言葉が生まれるのであろう．また，それは，どのようにして生まれるのだろうか．

　筆者が，大学生を対象に実施した調査によれば，初語の多くは，「まま」「まんま」などの母親や食べ物につながる言葉であった．少数であるが，「ぱぱ」やきょうだいの名前の場合もあったが，その多くの場合は，母親が，「ぱぱ」やきょうだいの名前をよく呼んでいることがあったようである．また，その他，愛犬の名や好みの食べ物，自分の動作に注意を引くような独自の言葉などが初語の場合もあった．初語は，食べ物を与える母などと結びついて生まれてくること，また，環境によって初語は異なってくるが，それらも母などの他者とつながっている関係が関わっていることが示唆されるのである．すでにそこに，他者に向けての要求や自己主張が見られたことは，非常に興味深い．

　他方，自閉症では，言葉の獲得自体が遅れることが多いが，筆者の臨床経験によれば，言葉が発せられていても，初語が「でんしゃ」や「ちょうちん」など，人間以外のモノであった．自閉症において，言葉は，モノとの関係において生まれたものであると理解されるのである．初語は，他者と生死に関わる様々な困難を共有したところに生まれるものであり，「まま」「まんま」には，他者に対する感情や思いが伴われている．それに対して，「でんしゃ」は，他者との感情の共有がほとんどない．このような言葉は，記号的なものになり，言葉の背後にある思いを感じにくい．成長した後に抱える，他者とのコミュニケーションが不得手で，他者の考えていることがわからないという彼らの苦しみは，この初語にすでに見て取れるのである．初語においても，象徴化としての言葉か否かの大きな相違があると言えよう．このように，初語は，必ずしもすべての乳児において，同じ言葉になるのではなく，子どものあり方とその育ちの状況を表しているのである．

　上記のことは，以下の2点を示していると考えられる．第1に，言葉は，自らの命を維持することすらできない乳児の不安を，他者が共有するという関係性を基盤として誕生してくること，第2に，他者との関係樹立の困難な自閉症においては，それをモノが補っているということである．こうした他者との関係，モノとの関係それぞれにおいて，その対象になった他者，あるいは，モノへの同一化が生じることは，先に示した自閉症の心理療法過程に現れた現象からも理解でき

よう．

　以上，自閉症においては，象徴化としての言葉の獲得が困難になっていたと考えられるが，象徴化としての言葉は，どのように獲得されるのであろうか．

c. 「心の器」としての他者の存在と象徴化

　精神病圏のクライエントの心理療法に大いなる貢献をしたビオン（Bion, WR）は，その臨床体験をもとに，乳児が自らの情動を自らのものとしていく際に，母が果たす機能を「器（コンテイナー）」という概念によって明確にしている[15]．この「器」について，シーガル（Seagal, H）は，「乳児は不快な感情を母の乳房に投射する．母はそれを念入りに磨き上げ，適切な応答を返すならば，乳児は，母の乳房を自分の感情を扱う『器』として取り入れることができる」と説明している[16]．この「器」という概念は，単なる欲求の充足や要求の満足ではなく，それらの情動や感情が満たされる過程で，自分の感情を扱う「心の器」が乳児の中に生まれるという重要な機制に注目したものであるが，そこでは何が起こっているのだろうか．

　新生児は，快の状態にあるときは，ほとんどの時間眠っている．不快な状態になると目覚めて泣くが，しかし，この時期の乳児には，自らに何が起こっているのかもわからない．したがって，何かを欲求するというのではなく，ただひたすら泣くだけである．全身を真っ赤にして泣いている乳児を見ると，われわれもその不安な状態を強く感じ取ることになろう．興奮状態で泣いている乳児に対して，他者（母など）は，「よしよし」とあやしたり，「まんま」と乳を与えたり，「気持ち悪かったね」とおしめを替える．それによって，不快な状態が取り除かれた乳児は，心地良くなり，再び，眠りに陥る．こうした他者のあやしの過程が繰り返しなされ，心地良くなる体験を重ねることによって，乳児は，事後的に自分の状態を感じるようになる．そこに，言葉が生まれてくる．すなわち，死の不安などの原初的な不安が他者に共有されたところに，言葉が生まれてくると言えるのである．あまりにも不安で興奮状態にあるときは，自らの状態を感じることさえできないが，不快な状態が他者によって受け止められ，和らげられて返されることによって，自らの欲求や情動が感じられ，対象化されていく．ビオンは，こうした他者の器としての機能の重要性を明らかにしたのである．

　以上に述べたことが，先の自閉症の心理療法過程においても生じたのである．

Aは，他児の動きに非常に敏感になり，他児が近づいただけで不安で泣きだすようになったが，そのようなとき，筆者がAを守るようにすぐに傍に行くと，Aも常に筆者の存在を確認し，何かあるとすぐに筆者の所に飛んでくるようになった．そして，筆者の口を触って，「Aくん，Aくん」と自分の名前を言ったのである．それに応じて，筆者が「Aくん」と，呼びかけると，それで納得した．これが，Aが初めてプレイルームで発した言葉であった．思えばそれは，筆者がいつもAに呼びかけていた言葉であった．

　この言葉については，若干の説明を加えておきたい．Aがプレイルームでこの言葉を発する少し前の回に，Aがプレイルームに先に1人で入ってしまったときがあった．隣の準備室に居た筆者に，プレイルームから「Aくん，Aくん」という声が聞こえてきて，誰かが先に入ってしまっていることに気がついたのであるが，それまでの回にAが，有意味語を発することはなかったので，それが誰によるものか不思議に思っていたのである．ところが，その後の回に，他児の動きに不安を感じて，筆者のもとに慌てて来たAが，筆者の口を触って「Aくん，Aくん」と言ったことにより，先の言葉は，Aの発したものであったことがわかった．Aは，そこに居ない筆者を思い，筆者を求めて，その言葉を発したのであろう．すなわち，筆者のイメージが彼の中に生まれていたということである．これこそ象徴化としての言葉と言えよう．

　この後，Aは，筆者とともに遊ぶことを通じて，「ダッコ，シュー」（抱っこして，滑り台を滑ってほしいという意味）などの明確な言葉での要求が急速に増え，筆者がそのとおりにすると嬉しそうな表情を見せた．さらに，このような筆者との関係の中で，彼の感情を筆者にぶつけるようになった．彼のお気に入りのパトカーが壊れたときには，泣きながらそれを筆者に見せにきて，筆者を叩いた．他児に叩かれたときは，筆者を叩きつつ泣いた．Aがくしゃみをして，その唾液が筆者の顔一面にかかり，思わず2人同時に笑いだすということもあった．

　ここに至り，筆者はまさに「心の器」としての機能を果たしていることが如実に見て取れよう．Aは，乳児が自分の不快な感情を母の乳房に投射するように，そこに生じた怒りや驚きを筆者にぶつけだしている．筆者はそれを受け止め和らげて返す器となった．この器によって，Aは，自らの感情を自らのものとし得る契機が開かれたのである．

　通常，乳児は，「見ること」による他者への同一化という「外的過程」と，「心

の器」としての他者に様々な情動を受け止められるという「内的過程」の両者の過程がともに進み，〈私〉という自己の存在の対象化に至ると考えられる．しかし，自閉症においては，筆者に対して，こうした「心の器」の機能を果たすように求めるまでになるには，その前に「見ること」による同一化が生じる過程が必要であった．それは，彼らは，たった1人で自らの生命を維持せざるを得ない状態にあったことにより，懸命に「見ること」によって，この世界を把握せんとしていたからである．

おわりに

本章において，子どもが，情動としての存在から情動を感じる存在になる過程を明らかにした．子どもは，他者と出会い，その他者において自己と出会うことによって，それは可能になる．しかし，その出会いは，情動の豊かな分化をもたらすものにも，反対に，情動の硬直化を生じさせるものにもなる．それゆえに，最早期段階からの成長過程において，子どもに内在する柔軟性と多様性を受け止める「心の器」としての他者の機能が重要になることを，また，それがその後の心身の健康な成長の基盤となることを示した．　　　　　　　　　　［伊藤　良子］

文　　献

1) Lacan J : *Ecrits Seuil* : 93-100, 1966.
2) 黒丸正四郎：子育ての生物学．思想の科学 **24**：45-50, 1973.
3) Lorenz K 著, 日高敏隆他訳：動物行動学：183-195, 1965.
4) 南　徹弘：サルの行動発達．東京大学出版会：90, 1994.
5) 河合雅雄：人間の由来 ［下］．小学館：1992.
6) Klein M : The origins of transference. *The International J of Psycho-Anal* **33**：433-438, 1952.
7) Lacan J : Some reflection on the ego. *The International J of Psycho-Anal* **34**：11-17, 1953.
8) 伊藤良子：自閉症児の「見ること」の意味．心理臨床学研究 **1-2**：44-56, 1984.
9) Rimrand B 著, 熊代　永他訳：小児自閉症．海鳴社：108, 1980.
10) 平井信義：小児自閉症．日本小児医事出版社：1968.
11) Kanner L : Autistic disturbances of affective contact. *Nervous Child* **2**：217-250, 1943.
12) 伊藤良子：心理療法論．京都大学学術出版会：53-55, 2011.
13) Bender L : There is no substitute for family life. *Child Study* **23**：1945-1946.
14) 伊藤良子：心理治療と転移―発話者としての〈私〉の生成の場―．誠信書房：2001.
15) Bion WR : Learning From Experience. *Maresfield*：90, 1962.
16) Seagal H : Symposium on fantasy. *The International J of Psycho-Anal* **45**：193, 1978.

2 脳の発達に影響を与える成長環境と分子生物学的考察

　動物脳の生後発達は，外界からの刺激によって大きな影響を受ける．このことを近年の脳神経科学研究が指摘し得たことは，とくに社会との関係において，ヒト脳の生後発達について理解を進めるうえで重要であった．おそらくヒト幼児脳においても，感覚器官の発達とともに種々の環境情報が脳内に取り込まれ，機能的な神経回路が段階的に形成されていくものと考えられる．この生後の発達期に，ヒトは高い認知記憶能力を発達させるばかりでなく，喜怒哀楽の感情を表すようになり，情動系も発達させている．しかし，神経可塑性に関する広範な研究により，記憶のメカニズムについての理解が分子レベルからも進んでいるのとは対照的に，情動の発達メカニズムについての理解はそれほど進んでいない．実は，情動が記憶と深く関係していることは以前から指摘されてきた．したがって，ヒトの情動が生後の成長環境からの刺激を受けてどのように発達し得るのか，それを記憶のメカニズムに照らし合わせて考察してみることは重要である．

　動物の出生後の脳神経回路形成は，環境刺激によって引き起こされる神経活動に大きく依存している．この神経活動は，脳内のシナプス伝達によって引き起こされ，多くの神経細胞内の生化学的反応を引き起こすとともに，その情報は核内にも伝わって遺伝子発現を誘導する．最近では，クロマチンの関わるエピジェネティックスとの関連から精神活動を理解しようとする試みも盛んである．しかし，これら神経活動依存的にコントロールされる制御系が，生後の環境刺激依存的な脳神経系の発達にどのように関わっているかについてはほとんど不明である．この点に関して動物，細胞，分子レベルから総合的に理解することは，情動発達のメカニズムを理解するうえでも重要である．そこで本章では，情動発達に関連していると思われるメカニズムを細胞や分子レベルから概説するとともに，とくに遺伝子発現に焦点を当てながらそのメカニズムに影響を与える要素を取り上げ，

ヒト脳の発達により良い影響を与える成長環境を考察する．

2.1 生後の視覚神経系の発達

a. 活動依存的な視覚神経回路の形成

　神経活動が生後の神経回路形成に重要な役割を果たしていることは，1970年代初期に，ハーバード大学のフベル（Hubel, DH）とウィーセル（Wiesel, TN）[1)]によって子ネコの視覚神経系で初めて示された．右眼と左眼の網膜に由来する視神経線維は視床背部の外側膝状体（lateral geniculate nucleus；LGN）を中継点として，脳の後方に位置する一次視覚野に投射している．この右眼と左眼に由来する視神経線維の投射は出生前には互いに重なり合っているが，出生後，網膜の神経細胞が外界からの光を受けて発火することによって，神経活動依存的に互いに分離して投射するようになる．これを眼優位性コラム（ocular dominance column；ODC）と呼んでいる（図2.1）．しかし，生後すぐに子ネコの片眼の瞼を縫い合わせて片眼を閉鎖（単眼閉鎖，monocular deprivation；MD）すると，

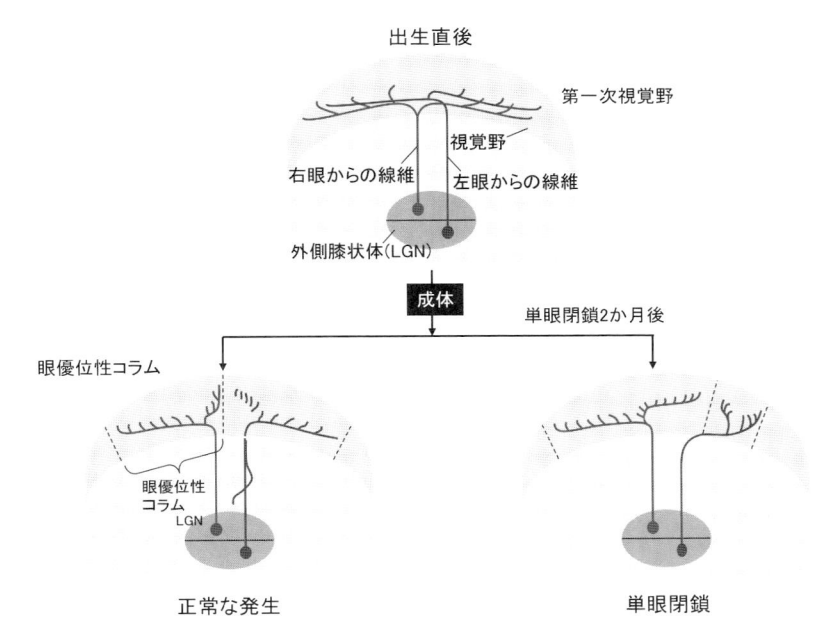

図2.1　眼優位性コラムの形成と単眼閉鎖による影響
C. J. Shatz，日経サイエンス，1993，改変

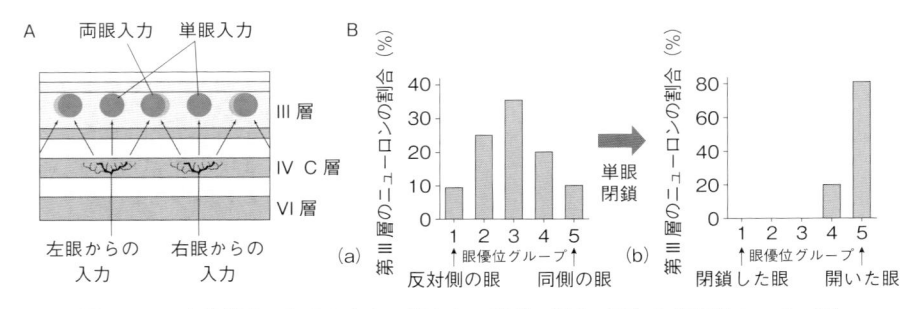

図 2.2 一次視覚野における左右の眼からの情報の混合（A）と眼優位シフト（B）
『神経科学—脳の探求—』[2]の図 10.17（p.250），図 23.20（p.557）を改変．

閉鎖していない眼からの視神経線維が，閉鎖した眼からの神経線維が投射するはずの皮質領域にまで張り出して，シナプスを形成してしまう（図 2.1）．これは，神経回路間の混線と言ってもよいものである．この事実は，ODC 形成には，生後に両眼の網膜が等しく光を受けて，網膜上の神経細胞が同等に発火することが必要であることを示している．また，生後 2 か月後に閉鎖しても不均一な投射は起こらなくなることから，生後，網膜が光を受けて ODC を発達させる特定時期のあることがわかる．このような特定時期のことを，一般に臨界期（critical period；CP）と呼んでいる．このことは，脳の個々の機能性の発達には，環境によって影響されやすい感受性期が存在することを示している．この認識は，生後の動物脳の発達を理解するうえで重要である．

　LGN から出た視神経線維のほとんどは，一次視覚野の有線皮質内第 IV C 層に終わる（図 2.2A および文献[2]）．この第 IV C 層には，棘突起を有する樹状突起を周囲に出している小型の有棘星状細胞が主に存在している．他の第 III, IV B, V, VI 層には錐体細胞が存在する．第 IV C 層の星状ニューロンは主に，第 IV B 層と第 III 層に垂直に軸索を伸ばし，ここで初めて左右の眼からの情報が混ざり合う（図 2.2A）．微小電極をネコの有線皮質第 III 層へ刺入してニューロンの発火を測定すると，両眼に応答する細胞と単眼にしか応答しない細胞を区別して同定できる．この測定によって，第 III 層に含まれる両眼あるいは単眼応答性を示す細胞の割合を表示すると，図 2.2B のようなヒストグラムが得られる．もし単眼閉鎖を行うと，閉鎖されていない眼からの刺激に応答する細胞の割合が圧倒的に多くなる．この両眼の応答性の変化は，眼優位シフトと呼ばれている．この結果，両眼の視線が注視点に一致しない状態である斜視が生じる．

b. ODC 形成に影響を与える因子

高野ら[3]は，ODC の形成に γ-aminobutyric acid（GABA）系ニューロンの発達が重要であることを，マウスの ODC 形成を使って示した．マウスでは，MD に対する感受性は開眼後1週間あたりから始まり生後1か月ごろにピークを迎える．高野らはこの感受性を指標に，GABA-合成酵素（GAD65）遺伝子欠損マウスで CP の変化を調べた．その結果，CP の開始時期が遅れ MD に対する感受性がはっきり認められなくなった．しかし，このマウスの一次視覚野に $GABA_A$ レセプターのアゴニストであるジアゼパムを注入したところ，感受性が認められるようになった．出生後ずっと暗所で育てた野生型マウスでも，同様に CP が遅れた．この現象は，CP の時期決定には出生後の光受容による神経活動の惹起とともに，抑制系の GABA ニューロンの発達が重要であることを示している．

一方，野生型マウスの開眼直後に $GABA_A$ レセプターアゴニストであるベンゾジアゼピンを投与すると，CP の開始が早く認められるようになる．興味深いことに，脳由来神経栄養因子（brain-derived neurotrophic factor；BDNF）を過剰発現させたトランスジェニック（Tg）マウスにおいても CP の開始が早まった[4]．このように CP は可変的でもあり，その可変性には少なくとも $GABA_A$ レセプター活性化と BDNF 発現上昇が関係している．BDNF とはニューロトロフィンと呼ばれるグループの代表的な神経栄養因子で，その特異的なレセプター TrkB に結合して神経細胞の生存や記憶の固定化に関係しており，神経可塑性に根幹的な役割を果たしている．発生初期の神経回路形成では，一般的に GABA 作動性の介在ニューロンがまず発達し，放出された GABA は神経前駆細胞にシナプスを介さずに傍分泌的に $GABA_A$ レセプターに作用し，持続性脱分極を引き起こす．この発達段階にある神経前駆細胞では，細胞内にクロライドイオン Cl^- を細胞内に汲み入れるトランスポーターである Na^+-$2Cl^-$ コトランスポーター（NKCC1）が高発現しており，Cl^- を汲み出すトランスポーターである K^+-Cl^- コトランスポーター（KCC2）の発現は低いため，細胞内 Cl^- 濃度が高くなっている．ここに GABA が作用して $GABA_A$ レセプターを開口させると，Cl^- は細胞外に流出して脱分極（負電荷減少）が引き起こされ，L-型電位依存性カルシウムチャネル（L-VDCC）が開口して細胞内にカルシウムイオン（Ca^{2+}）が流入することになる（図2.3）．このようにして，GABA は神経発生初期には興奮性に働くわけである．他方，神経細胞分化が進むにつれて NKCC1 発現が減少して逆に KCC2

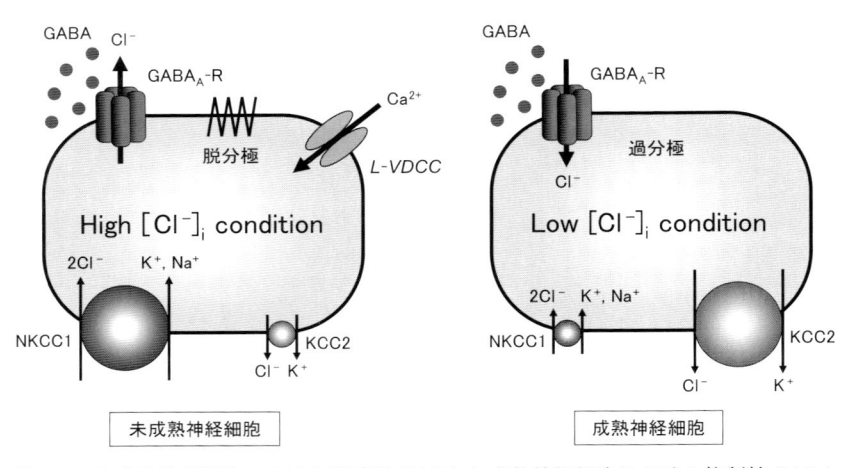

図 2.3 未成熟神経細胞における興奮性 GABA と成熟神経細胞における抑制性 GABA 作動性

発現が増加するため，今度は細胞内 Cl^- 濃度が低くなって GABA が作動しても $GABA_A$ から Cl^- が細胞内に流入して抑制的な応答を示すことになる（図 2.3）．

最近，私たちの研究室では興奮性 GABA 入力で細胞内に流入した Ca^{2+} によって，BDNF 遺伝子プロモーター IV（*Bdnf-PIV*）が活性化されることを示した[5]．さらにホン（Hong, EJ）ら[6]は，*Bdnf-PIV* の *cis*-エレメント CRE（転写調節因子 CREB が結合するサイト）だけに変異を入れたノックインマウスを作製して，*Bdnf-PIV* の作動停止は抑制性シナプス形成の顕著な減少を引き起こすことを示した．また一次視覚野でも BDNF の発現は活動依存的に調節されること，さらに出生後暗所で生育したマウスの一次視覚野では BDNF の発現量が減少することから[7]，ODC の形成においても活動依存的な BDNF 発現が抑制性 GABA ニューロンの発達と臨界期の持続性の調節にも関わっていることが考えられた．したがって，ベンゾジアゼピン投与で CP の開始が早くなったのは，興奮性 GABA 入力が強くなったことにより BDNF の発現増加が引き起こされ，神経幹細胞の分化が通常よりも早く進んでしまったことによるものと予想された．

2.2 幻肢と共感覚における脳神経回路形成

単眼閉鎖で認められたように，感覚入力の遮断によって生じた神経回路形成の障害は，ヒトに知覚の変化を感じさせるようになる．これを幻肢と共感覚を例に

説明しよう.

a. 一次体性感覚野と幻肢

　頭頂葉にある一次体性感覚野は体性感覚刺激に対して感受性が高く，体の各部位からの感覚処理に重要な役割を担っている．一次体性感覚野は他の新皮質と同様に，層構造を形成している．視床からの一次体性感覚野への入力は主として第 IV 層に終止している．一次体性感覚野の皮質表面への電気刺激により，体の特定部位の体性感覚を生じさせることができる．カナダの神経外科医であるペンフィールド（Penfield, W）は，1930～1950 年代までこの手法を用いて秩序立った体表面地図を皮質に描いた（図 2.4 および文献[2]）．この体表面の感覚が脳の構造にマッピングされたものは体部位局在と呼ばれる．特徴的なことは，体の部位ごとに相当する皮質に占める大きさは，その部位からの感覚入力の密度に比例していることである．

　私たちの手指からの信号は一次体性感覚野に入力しているが，それぞれの指からの神経線維の入力部位（バレル）が，第 1 指から第 5 指ごとに順序よく並んで存在している[2]．興味深いことは，体部位からの信号遮断あるいは増強によって

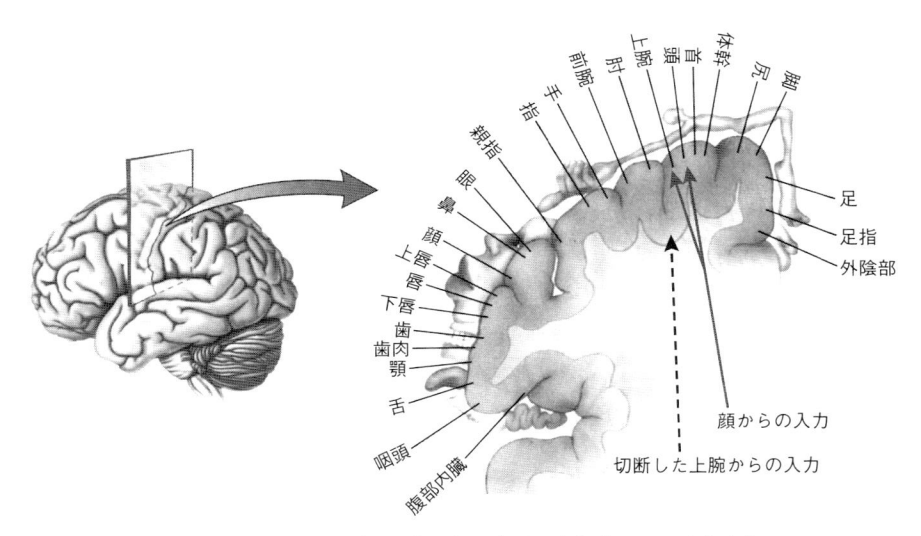

図 2.4 一次体性感覚野の体部位局在地図と幻肢による入力変化
『神経科学―脳の探求―』[2] の図 12.18（p. 312）を改変.

それぞれのバレルの大きさに違いの起こることである．たとえば，手の1本の指が切除されてから数か月後に微小電極でバレルを調べたところ，切除された指に当てられていた皮質領域には隣の指に当てられた領域が張り出していて，隣接する指の刺激に応答するようになった．この現象は，一次視覚野で認められた眼優位性コラム形成と同じである．逆に，特定の指からの入力活動を訓練によって増強すると，刺激されていない隣接する指と比較して，訓練をしてよく使った指に該当するバレルが拡大していた．このように，皮質地図は感覚経験の量の大きさによって可塑的に変化するのである．

この皮質の刺激に応じた可塑的変化の一例として，幻肢がよく知られている[2]．四肢の切断手術を受けた人に共通する経験は，体の他の部位が触れられたときに，失われた手足からの感覚を知覚することである．このような幻肢は，通常，皮質地図の上で失われた手足に接している部位の刺激によって引き起こされる．たとえば，上肢の幻肢は顔面を刺激することで引き起こされる．ラマチャンドラン（Ramachandran, VS）らは，脳の画像化解析で，上肢切断患者でその顔に触ると手に相当する皮質が活性化されることを認めた[2]．これらの結果から，皮質の上肢の領域は切断によって入力のない"空き家"状態になっていて，本来もっぱら上肢の皮質領域の隣接部に入るはずであった，顔からの感覚入力が"空き家"にまで進出して，神経回路の混線が起こり，上肢の幻肢が生じているものと考えられている（図2.4）．この状況は，単眼閉鎖で引き起こされる眼優位性コラム形成と同じである．

b. 共感覚における回路の混線

ある特定の人たちに，個々の数字が常に特有の色を持って見えることがある．たとえば，5は赤く，2は青く見えるなどである．また，音を聴いていると色のついた光の斑点が見えたり，あるいは口の中に味覚を感じたりすることもある．このように，通常はある種の刺激で起こる感覚以外に，別の感覚刺激が引き起こされてしまう現象のことを共感覚と呼んでいる[2]．この共感覚は，発達障害者に頻度高く認められることが指摘されている．とくにサヴァンと呼ばれる一部の驚異的な記憶力を持った人たちにおいては，それが顕著である．彼らは，多くの項目を覚えるのに，それぞれの項目がある種の視覚イメージを呼び起こすように覚えるのである．たとえば，覚える際に散歩の道を想像して，項目ごとに郵便ポス

2.2 幻肢と共感覚における脳神経回路形成

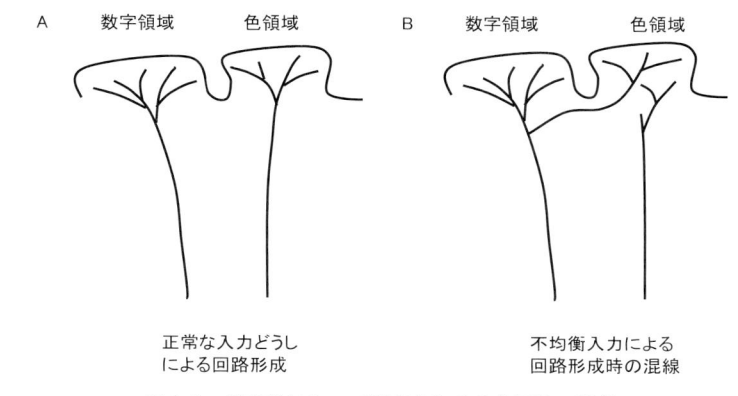

A 数字領域　色領域　　**B** 数字領域　色領域

正常な入力どうし
による回路形成

不均衡入力による
回路形成時の混線

図 2.5　共感覚において想定される入力回路の混線

トや茂みなどを途中に置いていく．さらに，その道に置いていったものあるいは風景には，赤や青などの色彩が表出してくる．彼らは覚えた項目を思い出すために，同じルートを歩いて置いていったものを色彩つきでイメージ化しては，それぞれの項目を順次拾い出していくのである[2]．

　ラマチャンドランは，この共感覚について先駆的な解析を行ってきた[8]．彼らは，共感覚の発生も，幻肢と同じように，数字の皮質領域にあるニューロン群と色を符号化する領域のニューロン群との間の異常な交叉活性に起因すると考えた．このどちらのニューロン群も紡錘状回に存在する．この領域では少なくとも，色情報の処理，顔と身体認知，単語や数字認知などが行われている．ラマチャンドランらは fMRI（functional magnetic resonance imaging）を用いて，実際に数字の領域と色の領域が隣接していることを示した[2]．したがって，数字や色などの異なった機能性の認知に関わる領域が隣接している場合に，何らかの原因で双方への入力に混線が生じて，共感覚が発生している可能性が考えられる（図 2.5）．

　共感覚を持つサヴァンで，幼児期にてんかんを経験した該当者のいることが知られている[9]．実際に，幼児期にてんかんを経験した子供は自閉症を発症しやすいという報告がある．てんかんで最も頻繁に認められる側頭葉てんかんでは，興奮性が何らかの原因で高まって NMDA レセプターからの神経細胞への Ca^{2+} 流入が増加し，それによって合成・分泌された BDNF が TrkB レセプターに作用して，神経突起形態の変化が異常に誘導されることが指摘されている[10]．たとえば，海馬歯状回の顆粒細胞ニューロンの軸索である苔状線維は CA3 領野の錐体

細胞ニューロンの軸索に投射しているが，側頭葉てんかんでは過剰に伸張して顆粒細胞の樹状突起に連絡して閉回路を形成してしまっているケース（過剰肢）が知られている．これも一種の神経回路間の混線であり，てんかん患者では似たような混線が異なった機能領域間においても起こりやすくなっていて，共感覚が発生しやすいのかもしれない．

2.3 神経活動依存的な神経回路形成

　以上の例からも明らかなように，神経活動が神経回路形成に重要な役割を果たしているが，回路の遮断などによって引き起こされる神経回路間の混線が異常な感覚を生じさせる．この混線の原因として，遺伝性の原因が最も可能性高く考えられる．しかし，外界刺激入力によって影響を受ける抑制系ニューロンの発達やBDNF発現が神経回路形成に重要な役割を果たしていることから，神経活動に影響を与えることのできる環境因子についても考慮する必要がある．そこで，神経活動依存的に進行するシナプス形成過程を，GABA系ニューロンやBDNF発現との関連性で概観してみよう．

a.　出生前における神経回路発達

　中枢神経系は外胚葉から派生してくる神経管から形成される．神経細胞は発生初期に，神経管が発達した脳胞内の内側に位置する脳室帯において，神経前駆細胞として盛んに分裂・増殖を繰り返す．また同時に，放射状グリア細胞を足がかりに脳胞の外側に向かって細胞移動を行う．この移動した神経芽細胞は皮質板に到着するとさらに分化を進める．この分化過程では，最初にニューロンが分化し，その後アストロサイトやオリゴデンドロサイトへの分化が進行する．これら細胞は同じ神経幹細胞から分化するのであるが，この過程においては，前述したように，興奮性GABA入力およびそれによって誘導されるBDNF発現が神経幹細胞の成熟ニューロンへの分化に大きく寄与している．

　一方，ニューロンの分化が進むにつれ，ニューロンは軸索を伸ばして標的ニューロンとシナプスを形成する．この神経回路の形成過程において，経路の選択や標的の選択など特異性の高い細胞間あるいは細胞外マトリックスとの相互作用が必要とされる．これには軸索の成長や誘導，さらには細胞間の接着に関わる数多くの分子が関わっている．こうして出生前までに，神経回路の土台が形成される．

この土台形成過程は内因的な因子によってコントロールされており,厳密に遺伝的なプログラムに依存して進行する.この過程における混線の原因として,遺伝的要因が最も考えやすい.一方,出生直前からとくに出生後にかけて,神経回路はさらに洗練されていく.この仕上げの洗練過程には,外界からの環境情報に感受性の高い時期が存在し,大きく神経活動に支配される.

b. プログラムされた神経細胞死

神経前駆細胞は,盛んに分裂・増殖を繰り返して,神経回路形成が始まるまでに過剰に生産される.しかし,回路形成が始まると,その総数は減少していく.これは,プログラムされた細胞死として知られるアポトーシスによる.この細胞死は,標的細胞から限られた量しか供給されない神経栄養因子の競合的な獲得競争によるものと考えられている.神経栄養因子は,1940年代にイタリアの女性生物学者であるレーヴィ・モンタルチーニ(Rita Levi-Montalcini)[11]によって,神経成長因子(nerve growth factor;NGF)として最初に同定された.その後,同じファミリーのメンバーとして,BDNFとNeurotrophin-3(NT-3),Neurotrophin-4(NT-4)が見つかった.NGFは標的組織によって産生,放出され,自律神経系の交感神経の軸索に取り込まれた後,逆行性に輸送されニューロンの生存を促進する.しかし,多くのニューロン間で競合的にNGFが奪い合われて,供給が不十分なニューロンではアポトーシスが誘導され,ニューロンの総数が減ることになる.BDNFによる生存効果にも同様の機構が考えられている.したがって,NGFやBDNF発現を高めてしまうような環境からの要因は,死ぬべきニューロンを助け余計な回路を残してしまう可能性が高い.脳の画像処理による解析によると,自閉症児では生後発達期に脳の特定領域(海馬や扁桃体など)の発達過剰が認められている.自閉症児では,発達段階でニューロンや軸索が通常よりも多く残ってしまっていることが考えられている.

c. シナプス刈込み

一方,神経細胞の過剰生産と同じように,生後間もない動物の脳では過剰なシナプス結合が存在する.しかし,発達過程において,必要な結合だけが強められ,不要な結合は除去されて神経回路が形成されていく.この過程は,"シナプス刈込み"と呼ばれている.実際に,シナプス密度は生後8〜12か月の乳児期に

すでにピークを迎え，その後は少しずつ減少することが知られている．この過程も興奮性 GABA 入力による神経活動に依存して進行することが，小脳の登上線維とプルキンエ細胞間のシナプス結合などで指摘されている[12]．したがって，神経細胞死やシナプス刈込みの不十分な環境下では，余計なシナプス結合が残ってしまって，回路の混線が起こってしまう可能性がある．このシナプス刈込みの異常は，自閉症や注意欠陥多動性障害（ADHD）に関係している可能性が指摘されている．

d. 神経活動依存性のシナプス再構築

1つのシナプス構成パターンから，別の構成パターンに変化することをシナプスの再構築という．この再構築は，生後の神経回路の仕上げの最終段階になるが，シナプス伝達によって誘導される神経活動に大きく依存している．したがって，幼児期や小児期の感覚経験に強く影響を受けやすく，外界刺激に対する感受性が最も高まる臨界期には盛んにシナプス再構築が起こっている．大人になっても，学習時の脳の関連領域ではシナプス再構築が起こっていて，そのパターン変化とともに新たな記憶が形成されるものと考えられている．このシナプス再構築には，シナプス前と後ニューロンどうしの発火の同調性が重要な役割を果たすことが指摘されている．すなわち，両者が同期すればシナプス結合は強化されるが，同期しなければ結合を失うのである．このシナプス可塑性に関する機序は，カナダの心理学者ヘッブ（Hebb, D）によって 1940 年代に仮説として提唱された[2]．このシナプス再構築において，分泌された BDNF が重要な役割を果たしている可能性が多くの研究から支持されている．

おそらく臨界期には，シナプス刈込みとシナプス再構築がともに起こっていて，活動の同期，非同期に従って回路の収束や分離が起こり，シナプスを整理しながら特定回路が形成されるものと推察される．眼優位性コラム形成の臨界期が GABA 作動性強化や BDNF 発現増強などによって狂うのも，もともとシナプス形成過程が GABA や BDNF によって大きく調節を受けているためである．単眼遮蔽や肢除去による入力遮断が引き起こす神経活動の不均衡化が，シナプス形成に影響を与え一時的な"空き家"状態を引き起こし，それによって隣接する皮質領域との混線が発生して，脳の機能性にわずかな変化の生じる可能性が考えられる（図 2.5）．さらに，発達脳における興奮性 GABA 作動性の増強あるいは抑

制性GABAシナプスの未発達は，興奮性と抑制性シナプスとのバランスを崩し，正常な神経機能発現に支障をきたす可能性がきわめて高い．したがって，基本的にGABA作動性やBDNF発現に影響を与えるものは神経機能発達に影響を及ぼす可能性がある．

以上の説明からも明らかなように，神経回路発達と環境刺激との間には密接な関係があり，この関係に支障があると神経回路形成に異常が発生し，意識や行動に変化の生じる可能性がある．このことは，情動発達にも大きく関係しているものと考えられる．

2.4 情動発達とエピジェネティックス

情動行動には，一般に自己に利益や報酬をもたらす快情動行動と，自己に有害な危害をもたらす不快情動行動のあることが知られており，それらは記憶と深く関係している．もともと報酬や恐怖などの情動を伴った行動の記憶は強く残ることが，今までにも記憶研究から指摘されてきた．この情動を伴って形成される記憶のことを，とくに情動記憶と呼んでいる．最近の脳神経科学の研究手法の発展によって，記憶のメカニズムが様々な角度から研究されるようになり，いくつか記憶の原則が見えてきた．その中の1つとして，時間的に長く維持される長期記憶の成立に遺伝子発現が関わっていることがはっきりしてきた．このことは長期的な記憶が成立するためには新たな遺伝情報の発現が必要であり，その合成された蛋白質が働くことによって神経回路形成あるいは神経機能発現が可能になることを意味している．ここでは，とくに遺伝子発現およびエピジェネティックスとの関連から情動発達の分子メカニズムについて考察してみよう．

a. 情動発達に与える環境因子の影響

子ラットを産んだ母親ラットは，子ラットを舐めてきれいにしたり毛繕いをしたり（licking and grooming：LG），背中を丸めて子ラットの世話（arched-back nursing：ABN）をしたりする．このような養育活動をよくする母親ラット（high-LG-ABN mother）に育てられた子ラットは，成長後，養育活動の少ない母親ラット（low-LG-ABN mother）に育てられた子ラットに比べて，急性ストレスに対する抵抗性が強く，母親になっても養育活動をよくするようになる．また，low-LG-ABN motherから産まれた子ラットを産後1週間以内にhigh-LG-

ABN mother に預け育てさせると（預かり子），もともと high-LG-ABN mother のもとで産まれ育った子ラットと同様に，成長後にストレスに対して高い抵抗性を示すようになる．一方，逆の預かり子のケースでは，もともと high-LG-ABN mother から産まれた子ラットにもかかわらず，low-LG-ABN mother に育てられると，ストレスに弱くなって，母親になっても子育ても下手になってしまう．しかし，預かり子を産後1週間後に行うと，ストレスに対する応答性や子育ての良し悪しの変化はもはや認められなくなる．このように，子育ての形質獲得にも環境からの刺激が大きな駆動力になっており，臨界期が存在する（図2.6）．この現象は，LG-ABN による皮膚からの触覚刺激が生後1週間以内に与えられると，その情報は快情動を伴って子ラットの脳に伝わり，子育ての神経回路を形成させ，成長してからもその回路が稼働して良好な養育活動が発揮されることを予想させる．

　一般に，急性ストレスに対する子ラットの抵抗性の違いは，視床下部-下垂体-副腎皮質（HPA系）のストレス応答系との関連で説明されている[2]．この HPA系の応答性の大きさは，視床下部からの CRF の分泌量に依存している．これは，その後の下垂体-副腎皮質系を活性化して，最終的に副腎皮質からのグルココルチコイド（GC，ヒトではコルチゾールと呼ぶ）の分泌を促す．これによっ

	子育て行動	グルココルチコイド分泌	GR1₇レセプターの発現	DNAメチル化
	○	+	++	−
	○	+	++	−
	×	++	+	+
	×	++	+	+

GR；グルココルチコイドレセプター

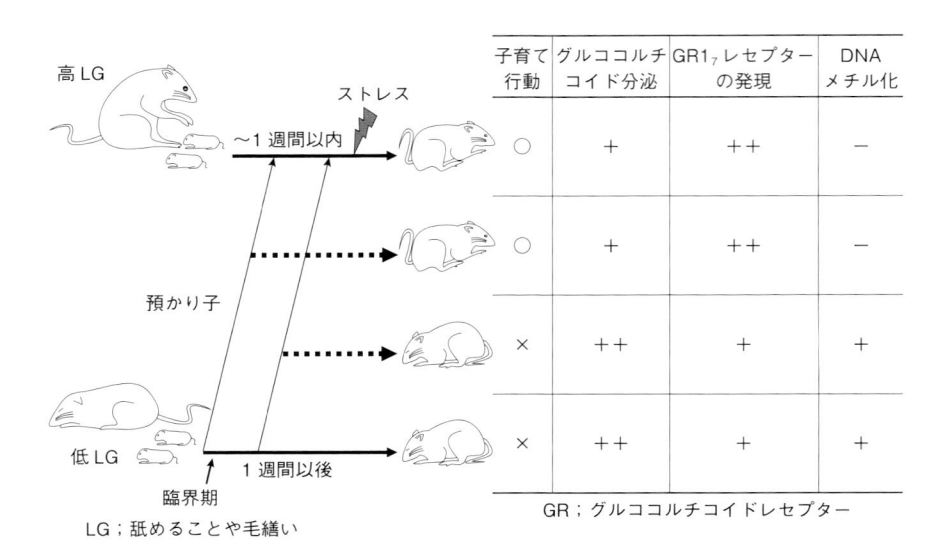

図2.6　子育て行動の親から子への伝播

て，血流中の GC 量が増えてストレス反応が引き起こされる．新皮質からの感覚情報は扁桃体の基底外側核から中心核に伝えられ，処理された情報が視床下部に伝えられストレス反応が誘導される．一方，海馬では GC 受容体を大量に発現しており，血流中の GC が多くなり過ぎるとそれを感受して，視床下部からの CRF の放出を抑制する．しかし，慢性ストレスによる継続的な GC への暴露は，海馬ニューロンの細胞死の原因となり，このことは悪循環を引き起こす．すなわち，ストレス反応がより強くなり，さらに大量の GC の放出が起こり，海馬のより大きな障害につながるのである．実際に，心的外傷後ストレス障害（post traumatic stress disorder：PTSD）の患者の脳では，画像化解析によって海馬の容積が減少していることが明らかにされている．このように，扁桃体と海馬は HPA 系によるストレス反応を互いに相反的に調節している．

　2004 年にミーニー（Meaney, MJ）ら[13]の研究グループは，low-LG-ABN mother に育てられた子ラット脳において，海馬の GC 受容体の遺伝子（*NR3C1*）のプロモーター領域の一部において，過剰な DNA メチル化の起こっていることを発表した（図 2.6）．さらに，low-LG-ABN mother に育てられた子ラットでは，同じプロモーター領域におけるヒストンのアセチル化や転写調節因子の結合性が低下して，NR3C1 受容体の発現が減少することを示した．それとともに，HPA 系のフィードバック制御に不具合が生じ，ストレス抵抗性が減少するということを報告した．一方，high-LG-ABN mother によって育てられた子ラットでは，十分な NR3C1 受容体の発現が維持されて，ストレスに対する抵抗性が高くなっているものと考えられた．このように，海馬における NR3C1 受容体の発現量の差が，high-LG-ABN と low-LG-ABN mother に育てられた子ラットのストレス抵抗性の差を生じているというのである．その後，DNA メチル化の有無について反論も出されたが，ミーニーら[14]によって発表された報告は重要である．すなわち，エピジェネティックスの変化が，母親の養育による刺激を受けることで生後 1 週間以内の臨界期に起こり，それが成体ラットになっても維持され，その養育行動がそのまま発揮される可能性を示しているからである．近年，社会的に子育て放棄の問題が注目を集めている．これには，親の幼少時代における成長環境に問題のある場合が考えられる．

b. エピジェネティクス

エピジェネティクスとは，DNA の塩基配列上の変化を伴わずに，遺伝子発現の制御レベルの変化で個体の表現型が後天的に変わるような制御様式を指している．現在では，この現象はとくに DNA のメチル化および染色体クロマチンを構成するヒストンの化学修飾に重点を置いて説明される．もともと後天的に動物個体の表現型が環境とどのように相互作用するのかという観点から命名されたように，エピジェネティクスは環境と大きく関わる．

クロマチンは，ヌクレオソームと呼ばれるヒストン八量体（H2A, H2B, H3, H4 が各 2 個ずつ）に DNA が絡みついたビーズを基本単位とした構造体で，これに様々な蛋白質や RNA が結合して，DNA 複製や転写などの調節を行っている．クロマチンはヌクレオソームを介して幾重にも折り畳まれており，2 m にも及ぶ DNA を 100 万分の 1 以下の細胞核の中に染色体として収めている．このような構造上の重要さばかりでなく，クロマチンは細胞状態の維持になくてはならない．すなわち，細胞が分化する際には，何度も分裂を繰り返して分化とともに少しずつ細胞状態が変わっていくが，基本的に分裂前の遺伝子発現状態を維持しなければならない．この現象は，"細胞レベルの記憶" とも呼ばれ，クロマチンはこの記憶を安定に維持していくうえでなくてはならない．

このクロマチンによる発現状況の維持には，DNA のメチル化とクロマチンの化学修飾が大きく関与している．ヒストンの化学修飾には，メチル化，アセチル化，リン酸化，ユビキチン化が知られ，それぞれに修飾酵素や脱修飾酵素が存在し，遺伝子発現の活性化や抑制のコントロールを行っている．一方，DNA メチル化は，脊椎動物の DNA の塩基配列上の -CpG- という 2 つの塩基の並びのシトシン（C）にメチル基が入ることを指している．このシトシンにメチル基が入っていると転写調節因子が DNA に結合できなくなり，近傍の遺伝子の発現が抑制される．DNA 上にはこの -CpG- の配列が密度高く存在する領域があり，これを一般に -CpG- アイランドと呼んでいる．DNA のメチル化酵素や脱メチル化酵素も明らかになっており，一般にヒストンの化学修飾および DNA メチル化は可逆的である．

c. プロモーターと遺伝子発現誘導

それでは，ヌクレオソームによる抑制が効いている中で，発現が活性化される

遺伝子はどのようにしてクロマチン中で抑制を免れ，その活性化状態を維持できるのだろうか？　それには各遺伝子のプロモーターが関わっている．プロモーターとは，遺伝子の上流に位置して転写を調節して開始させる領域であるが，これには TATA ボックスを中心に基本転写に関わる因子群が集まる近部位プロモーターと，複数の DNA 結合性転写調節因子が結合する cis-エレメントの存在する遠部位プロモーター（上流転写調節領域あるいはエンハンサー）が含まれる（図 2.7）．cis-エレメントとは，6～12 塩基配列の決まった並びで特定の転写調節因子が特異的に結合できる DNA 機能単位を示す．この cis-エレメントは転写調節因子ごとに存在することが明らかになっており，遠部位プロモーターには複数の cis-エレメントが異なった個数と組合せで存在している．このことによって，個体発生における遺伝子の発現状況はそれぞれに時間的，位置的にコントロールされ，遺伝子ごとの個性が発揮されるのである．しかし，同じ cis-エレメントを持つ遺伝子どうしは，集団でコントロールされ得る．

この遠部位プロモーターに結合する転写調節因子には，コアクチベーターと呼

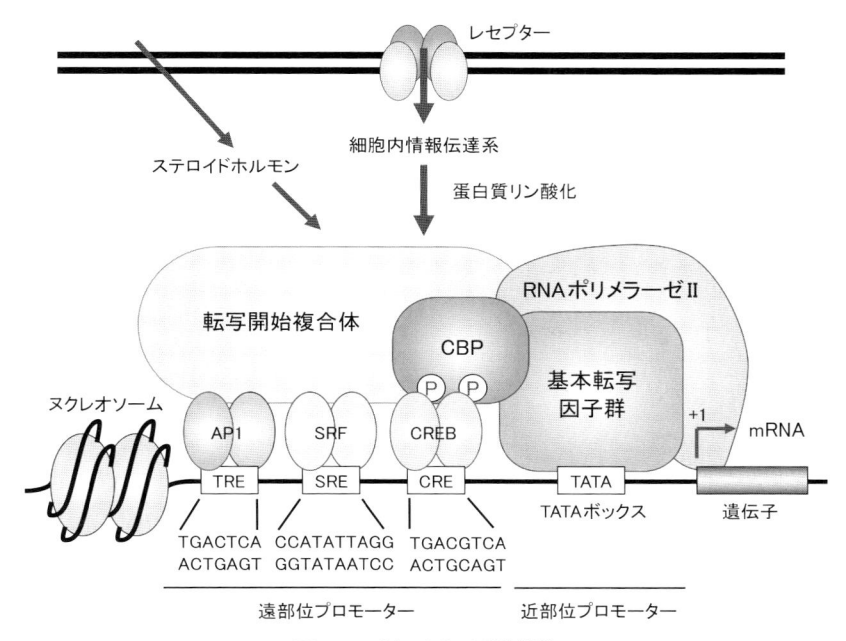

図 2.7　遺伝子発現誘導機構

ばれる，一連の DNA 結合性を持たない介在性因子と相互作用するものがある．この介在性因子は基本転写因子とも相互作用することができ，遠部位プロモーターが受けた情報を近部位プロモーターに結合している基本転写因子群に伝えている（図2.7）．また，興味深いことに，介在性因子の中にはヒストンを修飾できるものがある．代表的なものとして CBP（CREB-binding protein）が知られている．CBP はリン酸化された転写調節因子 CREB によってリクルートされるが，これはヒストンのアセチル化酵素（HAT）の活性を持っている（図2.7）．CREB とは cAMP-responsive element binding protein のことで，cAMP 依存性蛋白質リン酸化酵素などによってリン酸化され活性化する．CREB は長期記憶に重要な役割を果たしていることが多くの研究から支持されている．一方，ヒストンのアセチル化はヌクレオソーム構造を弛緩させて，遺伝子の転写を活性化させることが明らかになっている（図2.8）．したがって，CREB に結合した CBP はその結合位置においてアセチル化酵素の活性を発揮して，周辺のヌクレオソーム構造を弛緩させ遺伝子の抑制状態を解くことに貢献する．いわば，CBP はクロマチン中で活性化される遺伝子の所在を示す旗印みたいなものである．この旗印をつけさせるものは細胞外からの刺激である．細胞膜上のレセプターに刺激物質が結合することで，細胞内情報伝達系，たとえば cAMP/PKA 系が活性化され，その情報が核内の CREB に伝わり，CREB がリン酸化され CBP が呼び寄せられることになる．このように細胞外刺激に応答して特定遺伝子の発現がオンになる現象を，"遺伝子発現誘導"と呼んでいる（図2.7）．逆に，ヒストン脱アセチル化酵素（HDAC）でヒストン上のアセチル基が除去されると，クロマチン構造が堅固になり転写は抑制されるようになる（図2.8）．

　さらに，このように生じた遺伝子の活性化や抑制状態をクロマチン構造上安定に維持するために，一連のクロマチン蛋白質が作動する．1つはポリコーム群蛋白質で，これは局所的に形成された抑制的なクロマチン構造を固定化する作用を持っている．したがって，これが作動している領域の遺伝子は，クロマチン中に完全に封印された状態になってしまう．他方，トリソラックス群蛋白質が知られ，これは逆に遺伝子の活性化状態をクロマチン中で安定に保ってくれる．このように，エピジェネティックスの機構は遺伝子発現状況を安定に維持するうえで重要な役割を担っており，その制御には多くの因子が関わっている．

d. クロマチンと記憶

アラーコン（Alarcon, JM）ら[15]は2004年に，HAT活性欠損型CBPのヘテロ接合体マウス（CBP$^{+/-}$）を作製して，CBPが記憶の保持に関与していることを示した．ルビンシュタイン-テイビ（Rubinstein-Taybi）症候群は，親指などの骨格異常や精神発達障害を伴う遺伝病で，約10万人に1人の割合で発症する．さらに，この疾患ではっきり認められる症状として，学習・記憶障害がある．実は，この疾患の原因遺伝子は，CBP遺伝子であることが罹患家系の遺伝的解析からすでに明らかになっている．その患者においては，両親由来のCBP遺伝子の片方だけが欠損していたり，CBPのHAT活性を担う部分に変異が入ったりしている．そこで，アラーコンら[15]はノックアウトマウス作製法を用いて，CBPのHAT活性を示す部位を欠損したヘテロ接合体マウス（CBP$^{+/-}$）を作製し，学習・記憶への影響を調べた．このマウスでは，欠損型と野生型のCBPが混在して発現されるが，欠損型が野生型に拮抗して働いてしまうので，CBPのHAT活性が十分に働かないことになる．実験の結果，脳内のヒストンH2Bのアセチル化レベルが落ちるとともに，恐怖学習や海馬切片における長期増強（long-term potentiation；LTP）に障害のあることが明らかとなった．さらに彼らは，マウスにHDAC阻害剤を投与して，その影響を調べた．その結果，H2Bのアセチル化が回復するとともに，減少した恐怖学習やLTPレベルの戻りも認められた．このことは，HDACを阻害してアセチル化レベルの減少を阻止すると（図2.8），学習記憶効果が回復することを示している．このように，一連の報告から，クロマチンが長期記憶に重要な役割を果たしていることが示された．

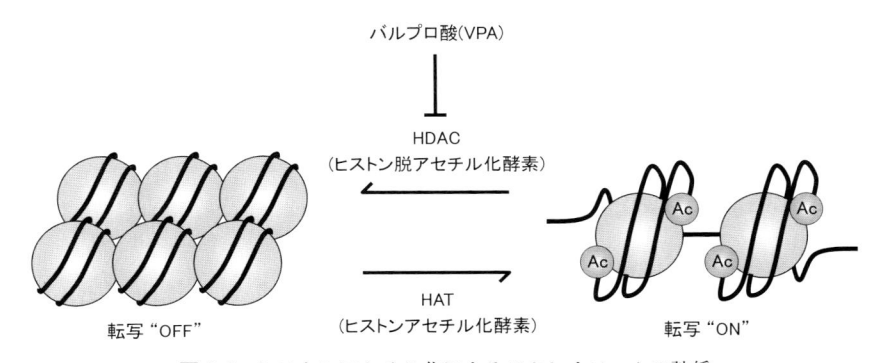

図2.8 ヒストンアセチル化によるヌクレオソームの弛緩

その後，動物を用いてエピジェネティックスと記憶との関連から研究が盛んに行われてきたが，その具体的な分子メカニズムについては不明のままである．しかし，クロマチンが細胞記憶を保持するうえで重要なように，クロマチンが一度形成された神経系の記憶の保持に重要な関わりを持つことは想像に難くない．

2.5 神経細胞新生におけるエピジェネティックス

もともとエピジェネティックスは，細胞分化との関係が深い．したがって，神経機能発現へのエピジェネティックスの役割を理解するうえで，神経細胞分化との関連で考える必要がある．そこで，ここでは神経細胞新生における神経幹細胞分化との関連から，エピジェネティックスの役割を概観してみよう．

a. 成体脳における神経細胞新生

現在では，成体脳において，側脳室周囲の脳室下帯（subventricular zone；SVZ）ならびに海馬の歯状回における下顆粒細胞層（subgranular zone；SGZ）において，神経細胞が活発に新生されることが明らかとなっている．SGZにおいては，放射状グリア様の形態を保ってゆっくりと分裂する神経幹細胞から，神経前駆細胞が非対称に作られ，未熟な神経細胞へと分化していく（図2.9）．この過程では，まずGABA作動性の介在ニューロンから興奮性GABA入力を受

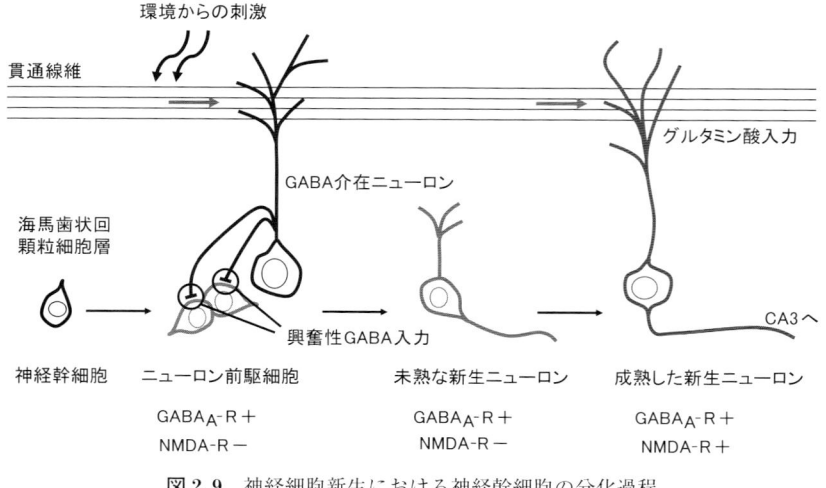

図2.9 神経細胞新生における神経幹細胞の分化過程

けて，前駆細胞に膜の脱分極が引き起こされ，L形電位依存性カルシウムチャネル（L-VDCC）が開口して，細胞内へCa^{2+}が流入する（図2.3および2.10）．このCa^{2+}流入が神経幹細胞の分化を押し進める．このL-VDCCからのCa^{2+}流入は，BDNF遺伝子のプロモーター活性化を促し，BDNF mRNA発現を誘導する[5]．合成されたBDNFが分泌されて，周辺の細胞膜上のTrkBレセプターに働き，それがさらに分化を進行させるものと考えられる．

この神経細胞新生の頻度は，動物の生育環境や運動量によって変化する．たとえば，遊び道具を豊富に用意したケージで飼われたマウスの海馬では，新生したニューロンの数が2倍近くに増え，ストレスなどにも強くなり学習能力も高まる．とくに空間記憶の獲得と維持に，新生ニューロンが重要な役割を果たしていることが明らかとなっている[16]．うつ病のモデル実験動物では，ストレス負荷時にGCによって海馬のBDNF発現量が減少し錐体ニューロンの形態が萎縮すること，しかし，フルキセチンなどの抗うつ薬投与でBDNF発現量が上昇し，形態も回復することが報告されている[17]．これに加えて，神経細胞新生の頻度が落ちると，うつ病が発症しやすいことも報告されている．しかし，抗うつ薬の慢性投与で新生頻度の減少が回復する[18]．しかも，それはcAMPが増加しCREBを介して遺伝子発現が活性化され，神経幹細胞から神経前駆細胞の増殖が促されるためと報告されている．抗うつ作用を示すものは，三環系抗うつ薬などのようなセロトニン選択的再取込み阻害薬ばかりでなく，ノルアドレナリン選択的再取込み阻害薬やモノアミン酸化酵素阻害薬においても認められる[18]．これらの事実は，神経細胞新生の過程にモノアミン系の神経伝達物質が何らかの役割を果たしていることを示している（後述）．また，抗うつ効果は，薬剤によってばかりでなく，刺激と運動量の多い環境に動物を置くことによっても発揮される[19]．これは，神経細胞新生の頻度が上がるためと説明されている．

b. 神経細胞分化とクロマチンによる抑制解除

分裂・増殖をしている神経幹細胞では，おそらく神経機能発現にとくに関係した遺伝子群（神経特異的遺伝子群）はクロマチンによる抑制状態にあり，まだ転写状態にはないことが推察される．しかし，神経前駆細胞，神経未成熟細胞から成熟細胞に分化が進むにつれ，神経特異的遺伝子群は弛緩状態に置かれ，転写が行われるようになる．この過程はどのようにコントロールされているのだろ

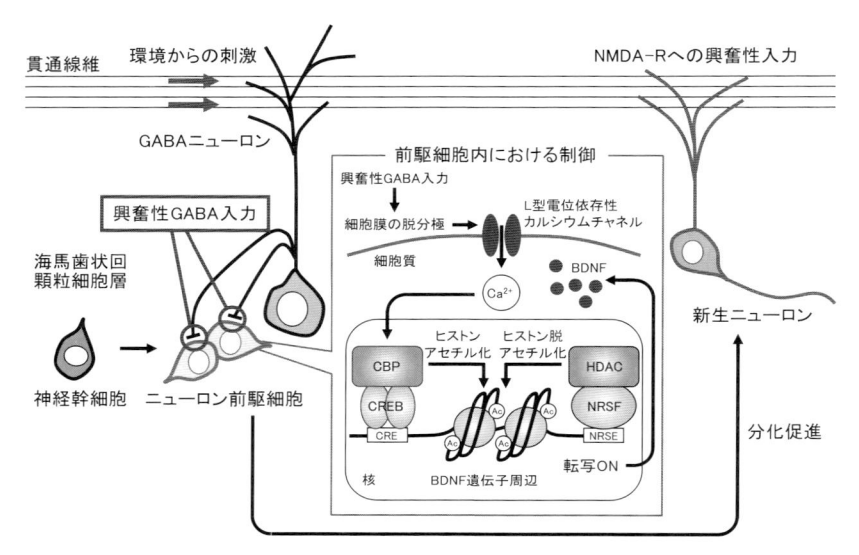

図 2.10 ニューロン前駆細胞におけるヌクレオソームを介した制御

うか？ すでに神経特異的遺伝子を不活性化状態にしてしまう抑制因子として，たとえば，神経特異的サイレンサーエレメント（NRSE）に結合する蛋白質性因子 NRSF が知られている（図 2.10）．NRSE は神経特異的遺伝子の周辺領域に存在して，NRSF を結合させる．NRSF は最終的に HDAC をリクルートするので，その領域周辺にはヌクレオソームが形成されやすくなり，クロマチンの不活性化が進み転写は抑えられる．したがって，神経細胞が未分化の状態では，多くの神経特異的遺伝子はこの抑制状態にあるものと考えられる．

細胞分化が進むと，細胞中の NRSF 発現量が減少する．したがって，神経特異的遺伝子への抑制は緩くなって，転写が可能な状態に置かれる．しかし，NRSF は成熟細胞でも少量ながら発現は継続しているので，そのままでは神経特異的遺伝子は抑制されたままである．それでは，このような状態をより活性化状態に導くものは何であろうか？ おそらく，それにはシナプス伝達で惹起される神経活動による遺伝子発現誘導が大きく関わっている．

私たちはすでに，初代神経細胞培養系における BDNF mRNA 発現（ただし，この場合はエキソン I を含む BDNF mRNA である）において，脱分極によって活性化される CBP の HAT 活性と NRSF による抑制活性が拮抗して，神経活

動によってクロマチンが徐々に弛緩される可能性のあることを示した（図 2.10 および文献[20),21)]）．この脱分極によって誘導される BDNF mRNA 発現は，興奮性 GABA による活性化と同じ作用機構によって誘導された．したがって，海馬の SGZ における神経細胞分化の過程では，興奮性 GABA による入力によって L-VDCC から細胞内に Ca^{2+} が流入して，クロマチンを弛緩させていることが予想される（図 2.10）．ここで重要なことは，興奮性 GABA 入力による神経活動が強いほど，クロマチンの弛緩レベルは高くなり，神経特異的遺伝子の発現レベルも上昇する可能性のあることである．そして，その状態はクロマチン構造中に安定に維持され得る[21)]．

c. 神経細胞新生における記憶の臨界期

さて，興奮性 GABA が作動している時期には，まだ NMDA-R は合成されておらず，それが作動しはじめるのは神経成熟細胞の段階になってからである（図 2.9）．この時期になると細胞は移動しながら，樹状突起を発達させて既存の神経ネットワークの中に取り込まれる．実は，とくにこの時期において，神経成熟細胞が外界からの入力に NMDA-R を介して感受性高く応答を示すようになる．これは神経可塑性が高まった状態であり，経験に関する記憶を成立させるうえで重要な時期であることが明らかになってきた[22),23),24)]．したがって，この時期は記憶に関する臨界期とも言えるもので，眼優位性コラム形成で認められた臨界期と同じ性質のものである．興味深いことに，経験した環境に応答した神経細胞の集団は，その後も同じ環境刺激に応答するようになる．一方，感覚入力を受け取れなかった新生ニューロンは，アポトーシスで死んでいく．ホンら[6)] が報告したように，NMDA-R を介して誘導合成されてくる BDNF は抑制系 GABA ニューロンの発達を促し，興奮性と抑制性シナプスのバランスの取れた機能的な神経回路形成に重要な役割を果たしている．このように，神経細胞分化の過程では外界からの入力に感受性の高い時期があり，その入力に関する情報がクロマチンにまで及び，入力情報がクロマチン構造中に一種の記憶状態として残る可能性がある．すなわち，エピジェネティックスによる記憶の制御と神経細胞分化との間には密接な関係があるものと推察される．

d. ストレスとエピジェネティックス

　最近，児童虐待が社会的に問題になっている．虐待を受けた子供は，不安，抑うつ，解離などの症状を示すとともに，その症状が長期間続く．また，過度のストレスを長期間受けると，ストレスに対する適応反応の破綻や機能不全を招き，PTSDの原因になることが指摘されている．PTSDもその症状が長く続くが，これら症状の持続性に関しては，エピジェネティックスを考慮すると説明しやすい．すなわち，幼児では脳の発達期に，大人では海馬における神経細胞新生時に，強い恐怖感から来るストレスを神経細胞の感受性期に受けると，不快感による調節系の入力とともにその経験の感覚入力が脳に入ってきて，クロマチンレベルにまで影響を与え，ストレスの痕跡が情動記憶として残ってしまうことが考えられる．このように，エピジェネティックスは入力された経験の記憶を，細胞レベルに残すうえで重要な関わりを持つ可能性がある．最近では，自閉症スペクトラム障害（autism spectrum disorder；ASD），注意欠陥・多動性障害（ADHD），統合失調症（schizophrenia）においても，幼児期におけるエピジェネティックな変化が影響を与えていることが指摘されている．ウィーバー（Weaver, ICG）らの研究[13]から推察できるように，幼少時における不快な経験がエピジェネティックスを介して神経細胞内のクロマチンレベルに残り，それが関連した神経回路を維持してしまっている可能性が考えられる．幼少時に虐待を受けた親が，不意に自分の子供に虐待的行動をとってしまうのも，幼少時に形成された，虐待に関係した神経ネットワークがストレスなどで刺激され，それが自分の子供への虐待行動の引き金になってしまっているのではないだろうか？

2.6　情動発達と調節系入力による遺伝子発現制御

　それでは情動を伴った記憶はどうしてよく残るのだろうか？　そのことに関して，モノアミンや神経ペプチドなどの調節系の入力が遺伝子発現に与える影響を考慮する必要がある．

a. 広範囲調節系と神経ペプチド

　調節系の入力の影響を考えるうえで，まず広範囲調節系（diffuse modulatory system）の関わりが重要となる．広範囲調節系には，ノルアドレナリン作動性，セロトニン作動性，ドーパミン作動性，コリン作動性ニューロン核によって駆動

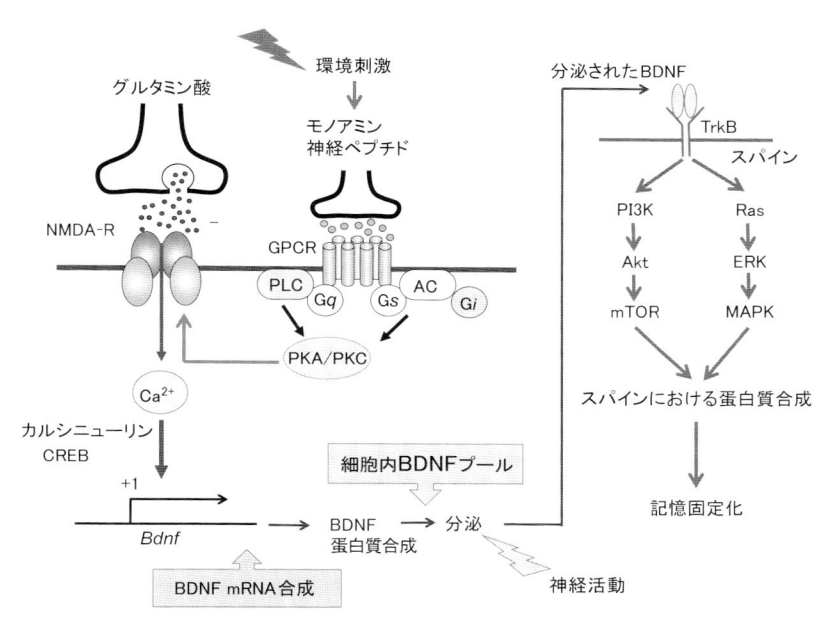

図 2.11 調節系入力が関与した活動依存的な BDNF 遺伝子発現誘導機構と BDNF の作用機構

される調節系がある．これらニューロン群の投射先は大脳皮質や視床などと脳内に幅広いが，これらは感覚情報を送るというより，投射先のシナプス後ニューロンの興奮性や同期性を調節することで，シナプス後ニューロンの機能性の修飾に関わる．向精神薬の多くが，広範囲調節系に直接作用してヒトの精神活動に影響を与えることを考えると，情動発達に広範囲調節系が関わっていることは間違いないだろう．

この広範囲調節系の投射先のシナプス後ニューロン側では，アセチルコリンやドーパミンなどに特異的に応答するレセプターが存在し，これらは共通にG蛋白質共役型レセプター（G-protein-coupled receptor；GPCR）と呼ばれる（図2.11）．GPCR は，7回膜貫通型の α ヘリックス構造を持つ単一のポリペプチドであり，細胞外にある2本のループがそれぞれの神経伝達物質に対する特異性を規定している．しかし，細胞内ではすべてのG蛋白質は共通する基本的な作用様式を持っている．すなわち，それぞれのG蛋白質は α, β, γ という3つのサブユニットからなっており，GPCR に神経伝達物質が結合すると $G\alpha$ サブユニット

にはGDPの代わりにGTPが結合して，GαとGβγサブユニット複合体は分離し，それぞれに膜の実行蛋白質と相互作用するようになる．たとえば，ノルアドレナリンβ受容体が活性化されるとGαsが作動し，アデニル酸シクラーゼ（AC）がATPをcAMPに変換してプロテインキナーゼA(PKA)を活性化する．しかし，ノルアドレナリンα受容体が活性化するとGαiが作動してAC活性を抑制して，PKA活性を減少させる．これらに対して，GαサブユニットにはGαqと呼ばれるサブユニットも存在する．Gαqは膜中のホスホリパーゼC(PLC)を活性化し，ホスファチジルイノシトール-4,5-二リン酸（PIP_2）の加水分解からジアシルグリセロール（DAG）とイノシトール三リン酸（IP_3）を産生させる．この結果，細胞内ではプロテインキナーゼC(PKC)の活性化と細胞内小器官からのCa^{2+}放出が引き起こされる．

　GPCRは，神経ペプチド（neuropeptide；NP）に対する受容体としても働いている．NPとは短鎖アミノ酸からなるポリペプチドで，すでに数多くのNPが同定されているが，それぞれのNPと特異的に相互作用するGPCRが存在する．その働き方としては，血流中に分泌されて標的細胞に作用する神経ホルモンとして働く場合と，シナプスで分泌され神経伝達物質として働く場合がある．グルタミン酸などアミノ酸系やアミン系の広範囲調節系神経伝達物質はシナプス小胞に貯蔵されるが，NPは分泌顆粒に貯蔵される．シナプス小胞と分泌顆粒は同じ軸索終末内に共存しており，NPはしばしばアミノ酸系やアミン系の神経伝達物質と同じ軸索末端に存在する．

　これらNPが情動発達に関わっている可能性は，たとえば，ハタネズミの生殖行動におけるバゾプレッシン（VP）とオキシトシン（Oxt）との関係に見ることができる[2]．草原に居住するプレーリーハタネズミは平地の草原に住み，オスとメスは一夫一婦制で長い間子供の世話をして家族的である．対照的に，山地に居住するハタネズミのオスは子育てをせず，メスも子供の自立までの短い期間だけ子育てをするくらいで，非家族的である．このように，この2種のハタネズミは遺伝的に似ているのだが，子育てに関する生殖行動が全く逆になっている．本来，VPとOxtは視床下部で合成され，下垂体後葉にある軸索末端から血流へと分泌され，VPは主に腎臓に作用して体内の水分量や塩分の調節に，Oxtは平滑筋を刺激して分娩時の子宮筋収縮や授乳時の乳汁分泌に働いている．しかし，VPとOxtは中枢神経系のニューロンにも神経伝達物質として作用し，それぞれ

のGPCRへの結合を介して,一連の生殖行動をコントロールしている.この場合,VPとOxtに対するGPCRの脳内発現部位の違いで生殖行動が違ってくることが指摘されている.おそらく,VPとOxtによって活性化される神経ネットワークが異なっているのだろう.このように,多種類の神経ペプチドは脳内の至るところで,情動に関わる神経ネットワークそれぞれに作用して種々の行動制御に働いているものと考えられる.したがって,これら神経ペプチド系の神経回路の発達は,情動発達に大きく関わっているものと予想される.ヒトの情動発達において,快情動と不快情動をもとに基本情動がまず発達し,その後,細分化された情動がさらに発達することが指摘されているが,前者が主に広範囲調節系によって,後者が神経ペプチド系によって調節されるようなことが考えられないだろうか? いずれにしても,神経ペプチド系による調節は,動物における情動発達の進化と関係しているように思われる.

b. 調節系入力が遺伝子発現に与える影響

従来から,報酬学習などの動物実験において,NMDA-Rからの興奮性入力とドーパミンD1レセプター (D1R) からの調節性入力との協調的入力が,報酬学習などの学習に効果的であることが薬理学的に指摘されてきた.この協調的入力によって,NMDA-R活性化による細胞内カルシウム (Ca^{2+}) シグナルとD1RからACを介したPKA活性化シグナルが細胞内に引き起こされ,それらが細胞質内で統合され最初期応答遺伝子群 (immediate early genes: IEGs) の誘導を引き起こすものと考えられてきた[25].

このような状況に対し,最近では電気生理学的解析から,D1RなどのGPCRの活性化がNMDA-R活性を修飾調節するという,レセプター間の物理的あるいは機能的な相互作用が明らかになってきた.それはとくに,下垂体アデニル酸シクラーゼ活性化ポリペプチド (pituitary adenylate cyclase-activating polypeptide: PACAP) による特異的レセプターPAC1の活性化によって,より明らかになっている.PAC1は典型的なGPCRであるが,ヤカ (Yaka, R)[26] やマクドナルド (Macdonald, DS)[27] らは電気生理学的解析から,PAC1の活性化によってGαs/AC/PKA経路あるいはGαq/PLC/PKC経路のいずれでも,NMDA-Rの活性亢進を誘導できることを示した.PACAPは,1989年宮田ら[28]によって,羊脳の視床下部から下垂体後葉細胞のAC活性を促進する作用を指標

に，単離・同定された神経ペプチドである．PACAP は神経伝達物質ばかりでなく神経栄養因子としての作用も有しており，長期増強（LTP）などのシナプス可塑性にも関与している[29]．最近では，田中ら[30]の PACAP 遺伝子のノックアウトマウス（PACAP-/-）を用いた一連の研究から，PACAP 遺伝子の欠損は統合失調症や ADHD 様の症状を呈することが明らかとなり，PACAP は情動行動の調節に働いていることが指摘されている．そこで私たちは，初代神経細胞培養系において，PACAP によって誘導される BDNF 遺伝子など一連の IEGs 発現に焦点を当て，その調節機構について検討を加えた．

その結果，私たちは，ラット大脳皮質から調製した初代培養神経細胞を PACAP で刺激すると，NMDA-R の活性亢進を介してカルシニューリン（calcineurin：CN）経路が選択的に活性化され，BDNF mRNA 合成が顕著に誘導されることを明らかにした（図 2.11[31]）．これは，NMDA-R 活性を上げれば上げるほど効果的であったので，この制御系は NMDA-R 活性を亢進して効率よく BDNF mRNA 発現を誘導するために稼働しているものと考えられた．この制御系には，CREB が大きな役割を果たしている．

さて，神経ペプチドやアミン系神経伝達物質はそれぞれの GPCR への結合性に高い特異性を持っているが，引き起こされる細胞内応答性には PKA や PKC の活性化や抑制などの共通性が認められる．したがって，他の神経ペプチドやドーパミンなどでそれぞれの GPCR を刺激しても，PACAP の場合と同様の応答性が認められてもよいはずである．実際にそれをドーパミンやノルアドレナリンなどの受容体を選択的に活性化することで確かめてみると，BDNF mRNA 発現誘導は NMDA-R 活性亢進や CN 経路に依存しているなど，PACAP の場合と同じ応答性が認められた（図 2.11[31]）．また，AC や PKC を薬剤で直接的に活性化しても，BDNF mRNA 発現は PACAP の場合と同じ制御系を介して誘導された．したがって，神経ペプチドやモノアミン系などの調節系の神経伝達物質による GPCR への入力は，NMDA-R の活性亢進を促して，BDNF 遺伝子など一連の IEGs の発現誘導を効率よく引き起こすうえで共通の役割を担っている可能性が考えられた．

c．協調的入力による遺伝子発現誘導の生理的役割

以上の見解は重要である．なぜならば，この現象はグルタミン酸による興奮系

と広範囲調節系や神経ペプチド調節系との協調的な入力が，効果的に BDNF 遺伝子の発現誘導を引き起こし，特定の神経ネットワーク形成を強力に促す可能性が高いからである．このことを考慮すると，報酬学習や恐怖学習などの情動記憶の成立がうまく説明される．とくに，報酬学習に NMDA-R からの興奮性入力と D1R からの調節性入力との協調的入力が必要であるという，薬理学的な動物実験の結果をよく説明できる．この応答性において大事なことは，おそらくモノアミンや神経ペプチドの種類によらず，それぞれの GPCR から Gαs/AC/PKA あるいは Gαq/PLC/PKC シグナル伝達系が活性化されることによって，この応答性が共通に引き起こされる可能性のあることである．おそらく動物脳内における実際の記憶は，多少とも何らかの情動を伴っているのではないだろうか？　そう考えると，動物脳内では様々な調節系の入力が興奮性入力に協調的に作用して，報酬や恐怖以外の様々な情動を伴った記憶回路を効率よく形成していることが考えられる．このように，この応答機構は情動の種類によらずに脳内で一般的に稼働している可能性が高く，このことを考慮すると，動物脳が示す多くの生理学的な現象をうまく説明できるように思われる．

　たとえば，抗うつ薬効果についてである．前述したように，フルオロキセチンなどの抗うつ薬投与で BDNF の発現が高まり，抗うつ効果の現れることが知られている[17]．フルオロキセチンは，セロトニンやノルアドレナリンの前シナプス終末への取込みを阻害する．その結果，セロトニンなどの神経伝達物質がシナプス間隙に溜まり，後シナプス側の GPCR が恒常的に活性化されることになる．この GPCR の活性化は，感覚情報を受け取った NMDA-R 活性を亢進するはずである．こうして *Bdnf* 発現が効率よく誘導されて，萎縮していたニューロンの形態が元に戻ることが予想される．同じような説明は，薬物依存においても適用できる（後述）．また，うつ患者において，抗うつ薬投与後 1〜2 週間以上経ってから，抗うつ効果が認められることが知られている．この時間依存性も，この応答系において誘導された遺伝子発現の影響が脳内においてカスケード的に伝わることを考慮すると説明しやすい．

　ところで，この感覚系と調節系の協調的入力によって増強された神経回路形成は，海馬と扁桃体間で盛んに引き起こされている可能性が高い．海馬と扁桃体は大脳辺縁系に隣り合って存在し，互いに影響し合う相補的な関係にある．扁桃体には，味覚，視覚，聴覚，体性感覚などあらゆる種類の感覚刺激が，嗅球や脳幹

から直接的に，あるいは視床核を介して大脳皮質から間接的に入力される．また，ドーパミン系，セロトニン系，ノルアドレナリン系やコリン系，さらには神経ペプチドなどの調節系も入力している．したがって，快感や嫌悪感などを伴った情報が同期的に扁桃体に入力されると，感覚線維と扁桃体ニューロン間のシナプス結合が強化されることが考えられる[2]．さらに扁桃体は海馬にも働きかけて海馬における記憶を増強し，記憶の固定化に働いていることが指摘されている．この場合も，海馬への感覚情報入力と扁桃体からの調節系の入力が協調して，効率のよい神経回路形成が引き起こされている可能性が十分に予想される．

d. BDNFの細胞内蓄積は神経可塑性に関わるのか？

さて，効率よく合成された *Bdnf* mRNAは，果たしてBDNF蛋白質に翻訳されてその機能性を発揮しているのだろうか？ このことについて考えておくことは重要である．まず，*Bdnf-PIV* から合成された *Bdnf-eIV* mRNAがBDNF蛋白質に翻訳され，さらに分泌されて実際に神経機能発現に関わっていることは，ホンら[6]のCREノックインマウス実験から確かである．しかし，合成されたBDNFは速やかに分泌されて，その機能性をすぐに発揮しているのだろうか？ というのも，抗BDNF抗体で培養神経細胞や脳内の神経細胞を染色すると，すでに神経細胞内にBDNFが蓄積されているからである．BDNFがすでに蓄積されているとすると，なぜ *Bdnf* mRNA合成はシナプス伝達にかくも感受性高く，それもそのたびごとに誘導される必要があるのだろう？ そこで，BDNFの細胞内蓄積と神経可塑性との関係について考えてみよう．

BDNF mRNAは，前駆体RNAそれぞれが各プロモーター（*Bdnf-PI〜PIX*）に駆動されて合成された後，エキソンI〜VIIIとエキソンIXの間でスプライシングが起こり，成熟BDNF mRNAとなる．この際，各成熟BDNF mRNAは，神経活動依存的に安定化を受ける[32]．BDNF蛋白質は前駆体Pro-BDNFがプロテアーゼ（Furin，メタロプロテアーゼなど）でプロセッシングを受けて119アミノ酸で構成される成熟BDNFとなる．成熟BDNFは，軸索や樹状突起において分泌顆粒である有芯小胞に含まれ，膜の脱分極刺激を受けると小胞が細胞膜外に開口して，神経活動依存的に分泌される．分泌されたBDNFは細胞膜上のTrkBレセプターに即座に作用し，それによってラパマイシンに感受性のPI3K/Akt/mTOR（mammalian target of rapamycin）やRas/ERK/MAPK経路によっ

て調節を受ける蛋白質合成が活性化される．この蛋白質合成はスパイン部分で局在的に活性化され，合成された蛋白質はシナプス構造や機能の強化に寄与する（図2.11）．この一連のBDNFの作用行程が，長期的なシナプス可塑性に重要な役割を果たしていることがすでに指摘されている[33]．このように，BDNFはすでに神経細胞内に蓄積されていて，神経活動を受けると有芯小胞に蓄積されていたBDNFが分泌され，その機能性をまず発揮するものと考えられる．誘導された Bdnf mRNAから合成されたBDNFがその機能性を発揮するのは，それらがいったん蓄積されてからもっと後になるものと予想される．

ところで，BDNF遺伝子にも複数の一塩基多型（single nucleotide polymorphisms；SNP）が知られているが，興味深いことに，その中でも66番目のバリン（Val）をメチオニン（Met）に置換するSNPは海馬が関わるヒトのエピソード記憶にとくに影響する．イーガン（Eagan, MF）ら[34]は，BDNFのプロセシングに関するイメージング実験の結果，Met-BDNFでは，Val-BDNFに比べて神経活動依存的な分泌が低下することを示した．また，Val66Met変異マウスでは，海馬神経細胞の樹状突起の複雑度が減少していること，マウスの不安様行動が亢進していること，抗うつ薬の長期投与により不安が緩和されることなどが報告されている．一方，篠田ら[35]は，BDNFの神経活動依存的な分泌顆粒からの分泌量を調節する因子CAPS2を発見し，そのCAPS2遺伝子欠損マウスを作成して次の事実を報告した．すなわち，CAPS2欠損マウスではGABAの分泌が低下し，GABA作動性の抑制性回路が脆弱になるとともに，シナプス可塑性や脳波に異常をきたすこと，および，動物は不安や自閉症様行動を示すことを明らかにした．以上の2つの例で重要なことは，BDNFの分泌量の多少が，シナプス可塑性や行動に大きく影響するということである．

以上の事実は，以下の仮定を可能にしてくれる．すなわち，BDNFを豊富に蓄積している神経細胞ほど機能性が高まるということである．おそらく，豊富にBDNFを蓄積している神経細胞は，神経活動で一度に多量のBDNFを分泌できるものと考えられる．したがって，BDNFを大量に蓄えた神経細胞は分泌量も多く，シナプス機能性を高めやすいものと考えられる．逆に，蓄積量が少なく分泌量の少ない神経細胞は，相対的に機能性の発達が悪くなることが考えられる．このことは，BDNF遺伝子の発現が活動依存的であることを考慮すると，さらに次の考え方を導く．すなわち，神経細胞中におけるBDNFの蓄積量は，過去

にその神経細胞が受けた神経活動の多少を示す履歴であるということだ．私たちの培養系における実験では，BDNF 蛋白質の半減期は約 40 hr 以上にも及ぶ長いものであった．一方，BDNF mRNA の半減期は1〜2時間の範囲であり[5]，mRNA 合成と分解は入力に応じて素早く行われるようである．したがって，神経細胞ごとの入力の強さや回数の違いが BDNF mRNA 合成レベルでリアルタイムに表されることになり，その違いが BDNF 蛋白質の蓄積量の差として長期的に反映されることが考えられる．

BDNF が神経細胞内に蓄積されるという考え方は，すでに苔状線維の巨大末端（giant terminals；GTs）の観察から提案されている．GTs は，歯状回顆粒細胞（dentate gyrus granule cell；DGC）の軸索末端に相当するが，大小様々な末端が存在し，その末端には BDNF が豊富に蓄積されていることが明らかになっている．マックナマラ（McNamara, JO）[36]は，このような観察から GTs の大きさの大小は DGCs が過去にどれくらいの神経活動を受けたかを示す履歴ではないかということを提唱している．すなわち，GTs 内に蓄積された BDNF 量の違いも，過去に受けた神経活動の大きさを示す履歴だというのである．この指摘は重要である．神経可塑性は一度受けた強い入力の影響が増強されたまま長期的に続く現象とすれば，この BDNF の細胞内蓄積状態も神経可塑性の条件を満たすからである．

この協調的なシナプス伝達に対する神経細胞の応答機構は，それぞれの調節系神経伝達物質の関わった神経ネットワークにおいて共通に作動しており，それぞれの情動系ネットワークを発達させるに違いない．したがって，幼児における情動発達は，調節系の神経伝達物質によって支配される神経ネットワークの発達と深く関係しているものと考えられる．

2.7　化学物質による影響

調節系による遺伝子発現増強やエピジェネティックな変化は，GPCR に作用する薬物あるいはその応答系に作用する薬物でも起こり得る．

a.　薬物依存症

実は，上記の調節系による遺伝子発現の増強効果は，薬物依存における症状の長期化をうまく説明する．アンフェタミンやコカインはドーパミンのシナプ

ス前末端への取り込み阻害を起こし，シナプス間隙におけるドーパミン濃度を上昇させシナプス後ニューロン側のD1Rなどを活性化する．このとき，同時にNMDA-Rが行動からの感覚入力を受けると，その活性亢進が起こり効率の良いBDNF発現が誘導され，行動に関係した神経ネットワークが強力に構築されてしまう可能性が高い．また，強い入力の影響はクロマチンの構造変化まで引き起こし，関連したネットワークが保持される可能性がある．したがって，時間が経った後でも，関連したネットワークが刺激を受けたりすると，薬物依存性の行動が再発してしまうことになる．薬物依存は"化学物質による記憶"とも呼ばれ，報酬系が関わることから情動との関係も深い．このように，化学物質によっても情動記憶は成立する．

b. バルプロ酸

バルプロ酸（valploic acid；VPA）は，抗痙攣薬あるいは気分安定剤として，主にてんかんや双極性障害の治療に使われている．GABAトランスアミナーゼを阻害することにより抑制性シナプスにおけるGABA量を増加させGABA作用を増強する．しかし，妊婦に投与したケースでは，生まれた子供に自閉症発症率の高いことが報告されている[37]．実際に，妊娠ラットへのVPA投与実験では，とくに胎生12日目の時期の投与によって子ラットに自閉症様行動が頻度高く認められる．神経初期発生におけるVPAへの暴露は，当然ながら興奮性GABA作用を増強してしまうことになり，ベンゾジアゼピン投与と同様に胎児脳における臨界期に影響を与える可能性が高い．

一方，VPAにはHDAC活性に対する阻害活性のあることが知られている（図2.8）．VPAを神経細胞の初代培養系に加えると，BDNF mRNAなど多くの遺伝子のmRNA合成が顕著に増加することが認められる[38]．これは，HDACの阻害でクロマチンのアセチル化状態が結果的に高まり，クロマチンが弛緩されて多くの遺伝子の発現増加が引き起こされたものと考えられる．その中に，GABAレセプターを構成するいくつかのサブユニットも含まれる．その詳細な機構は不明であるが，いずれにしてもVPA投与でエピジェネティックな変化が起こり，興奮性と抑制性のバランスが崩れ，胎児あるいは幼児脳発達に影響を与える可能性は高い．

c. 幼少時における麻酔薬への暴露

最近，幼弱動物における実験から，一連の麻酔薬投与によって学習障害（learning disorders；LD）を生じることが報告され，その臨床的検証の必要性が指摘されている[39]．新生げっ歯類への麻酔薬投与が神経細胞死（アポトーシス）を誘導することが報告されてから，その毒性が注目されるようになった．しかし，むしろ最近では，GABA作動性に対する影響の方が注目されるようになった．それは，たとえば静脈麻酔薬のプロポフォールやチオペンタールなどは，ジアゼパムよりも強いGABA作動性増強作用を有しているからである．したがって，乳幼児へのこれら麻酔薬の持続投与による鎮静は，発達脳における臨界期へ影響を与えることが十分に考えられる．

d. 農薬，殺虫剤

農薬や殺虫剤と発達障害との関係を疑う指摘は多い．しかし，その因果関係を具体的に説明できる作用機構については不明のままである．とくに抑制性と興奮性シナプス間のバランスへの影響という観点からの検討は行われてこなかった．しかし，筆者らはピレスロイド系殺虫剤にはBDNF mRNA発現を顕著に誘導するもののあることを明らかにしており[40]，農薬や殺虫剤などが母乳を通じて幼児の脳に蓄積することも考えられ，今後，その幼児脳発達に与える影響についても検討が必要と思われる．

2.8 遺伝的変異との関連性

前述したように，BDNF遺伝子にも一塩基多型（SNPs）が存在する．そして，それはBDNF蛋白質の分泌量の減少を引き起こし，不安様行動などいくつかの神経症状を呈する．したがって，少なくともシナプス伝達から遺伝子発現，蛋白質合成から分泌，それによって惹起されるスパインにおける機能性増強の過程に関わる多くの蛋白質性因子をコードする遺伝子の変異は，何らかの神経機能異常を生じることが予想される．その変異が重篤であれば遺伝的疾患として出生後顕著に現れ，SNPsであれば他の遺伝子とのコンビネーションで多因子性の神経症状が現れることになる．後者の場合は，生活習慣病と同じで，発症には環境要因が強く関わる．このように見ると，環境に影響を受けやすい応答系において機能している因子と，遺伝性の脳機能障害を示す遺伝子との間には相関性のあること

が予想される．実際に，発達障害や精神疾患の原因遺伝子の候補としてあがっている遺伝子の中には，本章で述べてきた応答系に含まれる蛋白質（たとえば，GABA-R, BDNF, mTOR など）をコードするものが数多く認められる（次章を参照）．

　元来，SNPs は，DNA が長い生物進化の過程で培ってきた，個々の生物種の生き残りのための戦略のようなものとも言える．たとえば，薬剤耐性菌が薬剤に暴露される以前には，関連した薬剤耐性遺伝子上の各所に SNPs が散在して認められるが，暴露後に生き残った耐性菌の耐性遺伝子上には決まった SNPs しか認められなくなる．これは，その SNPs が感染菌を薬剤に耐性にするうえで最も効果的であったからである．この事実は，まさに環境に応じて生き残るための戦略を示す．すなわち，DNA はそれぞれの生物種において，関連した多くの遺伝子上に変異を常に生じさせ，大きな環境異変が起こっても特定の SNPs を持った個体だけは生存できるように仕組んでいるように見えるのである．実はこれは，まさに自然淘汰による生物進化の原理に他ならない．このことは，SNPs が環境というふるいにかけられることによって，それぞれの生物種個体の機能性が向上するということをも意味する．したがって，発達障害や精神疾患で認められる SNPs は，DNA が現在も環境変化に応じて脳機能をさらに進化させようとしていることの現れなのかもしれない．そのように考えれば，発達障害や精神疾患を引き起こす可能性のある SNPs は，いつの時代においても一定の割合で起こり得るということになる．

おわりに

　長期記憶や情動発達は，神経細胞の分化と密接な関係にある．それだからこそ，エピジェネティックスが関わってくるし，興奮性 GABA 入力，BDNF 遺伝子発現，NMDA-R への興奮性グルタミン酸入力，抑制性 GABA ニューロンの発達など分化をコントロールする様々な過程が関係してくるものと考えられる．そして，この分化の過程に外界の刺激に感受性の高い臨界期が存在し，特定の機能性に関する神経ネットワークが次々に形成されていくものと考えられる．その感受性の増強には調節系の入力が関わっており，それによって効率のよい BDNF 発現が誘導され，神経ネットワーク形成が強化されるに違いない．このメカニズムが，おそらく情動発達に重要なように思われる．しかし，この一連の過程がてん

かんやストレスさらには化学物質などによって障害されると，臨界期の狂いなどが生じ，神経回路の混線が起こり脳神経系の発達に不具合の生じる頻度が高くなる可能性がある．自閉症などの発症も，一部にはこれらの不具合に起因しているかもしれない．

昨今，生活様式の多様化によって，発育中の子供たちの脳に適切な刺激がしっかりと伝わっていない事態が生じていないだろうか？　現代社会では，たとえばテレビやゲーム，さらにはスマートフォンなど，親子や友達などの人と人との間のコミュニケーションを希薄にするような生活環境がますます増えている．また，ストレスや環境化学物質による影響も社会的に増加しており，子供達の脳の発育に影響を与える外因性要素が生活環境に増加している．このような環境下において，特定の神経機能発達に必要な情報が臨界期に子供の脳に十分に届かず，脳の発達が不十分なままになってしまって，情動あるいは認知能力が十分に発達していないような事態が生じていないだろうか？　現在はまだその影響はそれほど重篤ではないにしても，将来的に，そのような事態が生まれないとも限らない．そのような事態に備えて，今後，幼児脳発達のメカニズムを総合的に理解しながら，健全な幼児脳の発達に最適な生活環境を整えていく必要があるだろう．それは，まさに幼児脳の健全な成長のために必要な情報を，将来的に，環境刺激として幼児に計画的に与えることに他ならないように思われる．　　［津田　正明］

文　　献

1) Hubel DH, Wiesel TN：Receptive fields, binocular interaction and functional architecture in the cat's visual cortex. *J Physiol.* **160**：106-154, 1962.
2) Bear MF, Connors BW, Paradiso MA（eds.）：神経科学―脳の探求―．西村書店：2006.
3) Takano KH：Critical period regulation. *Annu Rev Neurosci* **27**：549-579, 2004.
4) Huang ZJ, Kirkwood A, Pizzorusso T, Porciatti V, Morales B, Bear MF, Maffei L, Tonegawa S：BDNF regulates the maturation of inhibition and the critical period of plasticity in mouse visual cortex. *Cell* **98**：739-755, 1999.
5) Fukuchi M, Kirikoshi Y, Mori A, Eda R, Ihara D, Takasaki I, Tabuchi A, Tsuda M：Excitatory GABA induces BDNF transcription via CRTC1 and phosphorylated CREB-related pathways in immature cortical cells. *J Neurochem*：Doi：10.1111/inc. 12801, 2014.
6) Hong EJ, McCord AE, Greenberg ME：A biological function for the neuronal activity-dependent component of *Bdnf* transcription in the development of cortical inhibition. *Neuron* **60**：610-624, 2008.
7) Pollock GS, Vermon E, Forbes WE, Yan Q, Ma YT, Hsieh T, Robichon R, Frost DO, Johnson JE：Effects of early visual experience and diurnal rhythms on BDNF mRNA

and protein levels in the visual system, hippocampus, and cerebellum. *J Neurosci* **21**：3923-3931, 2001.
8) Hubbard EM, Ramachandran VS：Neurocognitive mechanisms of synesthesia. *Neuron* **48**：509-520, 2005.
9) ダニエル・タメット著，古屋美土里訳：天才が語る．講談社：2011.
10) Lahteinen S, Pitkanen A, Saarelainen T, Nissinen J, Koponen E, Castren E：Decreased BDNF signaling in transgenic mice reduces epileptogenesis. *Eur J Neurosci* **15**：721-734, 2002.
11) Levi-Montalcini R, Booker B：Destruction of the sympathetic ganglia in mammals by an antiserum to a nerve-growth protein. *Proc Natl Acad Sci USA* **46**：384-391, 1960.
12) Hashimoto K, Ichikawa R, Kitamura K, Watanabe M, Kano M：Translocation of a "Winner" climbing fiber to the Purkinje cell dendrite and subsequent elimination of "Losers" from the soma in developing cerebellum. *Neuron* **63**, 106-118, 2009.
13) Weaver ICG, Cervoni N, Champagne FA, D'Alessio AC, Sharma S, Seckl JR, Dymov S, Szyf M, Meaney MJ：Epigenetic programming by maternal behavior. *Nature Neurosci* **7**：847-854, 2004.
14) Meaney MJ, Szyf M：Maternal care as a model for experience-dependent chromatin plasticity? *TRENDS in Neurosci* **28**：456-463, 2005.
15) Alarcon JM, Mallret G, Touzani K, Vronskaya S, Ishii S, Kandel ER, Barco A：Chromatin acetylation, memory, and LTP are impaired in $CBP^{+/-}$ mice：A model for the cognitive deficit in Rubinstein-Taybi syndrome and its amelioration. *Neuron* **42**：947-959, 2004.
16) Praag HV, Kempermann G, Gage FH：Neural consequences of environmental enrichment. *Nature Rev Neurosci* **1**：191-198, 2000.
17) Duman RS, Malberg J, Thome J：Neural plasticity to stress and antidepressant treatment. *Biol Psychiatry* **46**：1181-1191, 1999.
18) Malberg JE, Eisch AJ, Nestler EJ, Duman RS：Chronic antidepressant treatment increases neurogenesis in adult rat hippocampus. *J Neurosci* **20**：9104-9110, 2000.
19) Young D, Lawlor PA, Leone P, Dragunow M, During MJ：Environmental enrichment inhibits spontaneous apoptosis, prevents seizures and is neuroprotective. *Nature Med* **5**：448-453, 1999.
20) Hara D, Fukuchi M, Miyashita T, Tabuchi A, Takasaki I, Naruse Y, Mori N, Kondo T, Tsuda M：Remote control of activity-dependent BDNF gene promoter-I transcription mediated by REST/NRSF. *Biophy Biochem Res Commun* **390**：648-653, 2009.
21) Hara D, Miyashita T, Fukuchi M, Suzuki H, Azuma Y, Tabuchi A, and Tsuda M：Persistent BDNF exon I-IX mRNA expression following the withdrawal of neuronal activity in neurons. *Biophy Biochem Res Commun* **390**：648-653, 2009.
22) Tashiro A, Sandler VM, Toni N, Zhao C, Gage FH：NMDA-receptor-mediated, cell-specific integration of new neurons in adult dentate gyrus. *Nature* **442**：929-933, 2006.
23) Ge S, Yang C-h, Hsu K-s, Ming G-l, Song H：A critical period for enhanced synaptic plasticity in newly generated neurons of the adult brain. *Neuron* **54**：559-566, 2007.
24) Tashiro A, Makino H, Gage H：Experience-specific functional modification of the dentate gyrus through adult neurogenesis：A critical period during an immature stage. *J Neurosci* **27**：3252-3259, 2007.
25) Kelly AE：Memory and addiction：Shared neural circuitry and molecular mechanisms.

Neuron **44**:161-179, 2004.
26) Yaka R, He DY, Phamluong K, Ron D: Pituitary adenylate cyclase-activating polypeptide (PACAP (1-38)) enhances N-metyl-D-aspartate receptor function and brain-derived neurotrophic factor expression via RACK1. *J Biol Chem* **278**:9630-9638, 2003.
27) Macdonald DS, Weerapura M, Beazely MA, Martin L, Czerwinski W, Roder JC, Orser BA, MacDonald JF: Modulation of NMDA receptors by pituitary adenylate cyclase activating peptide in CA1 neurons requires Gaq, protein kinase C, and activation of Src. *J Neurosci* **25**:11374-11384, 2005.
28) Miyata A, Arimura A, Dahl RR, Minamino N, Uehara A, Jiang L, Culler MD, Coy DH: Isolation of a novel 38 residue-hypothalamic polypeptide which stimulates adenylate cyclase in pituitary cells. *Biochem Biophys Res Commun* **164**:567-574, 1989.
29) Vaudry D, Falluel-Morel A, Bourgault S, Basille M, Burel D, Wurtz O, Fournier A, Chow BK, Hashimoto H, Galas L, Vaudry H: Pituitary adenylate cyclase-activating polypeptide and its receptors: 20 years after the discovery. *Pharmacol Rev* **61**:283-357, 2009.
30) Tanaka K, Shintani N, Hashimoto H, Kawagishi N, Ago Y, Matsuda T, Hashimoto R, Kunugi H, Yamamoto A, Kawaguchi C, Shimada T, Baba A: Psychostimulant-induced attention of hyperactivity and prepulse inhibition deficits in *Adcyap1*-deficient mice. *J Neurosci* **26**:5091-5097, 2006.
31) Fukuchi M, Tabuchi A, Kuwana Y, Watanabe S, Inoue M, Takasaki I, Iizumi H, Tanaka A, Inoue R, Mori H, Komatsu H, Takemori H, Okuno H, Bito H, Tsuda M: Neuromodulatory effect of $G\alpha_s$- or $G\alpha_q$-coupled G-protein-coupled receptor on NMDA receptor selectively activates the NMDA receptor/Ca^{2+}/calcineurin/cAMP response element-binding protein-regulated transcriptional coactivator 1 pathway to effectively induce brain-derived neurotrophic factor expression in neurons. *J Neurosci* **35**:5606-5624, 2015.
32) Fukuchi M, Tsuda M: Involvement of the 3'-untranslated region of the brain-derived neurotrophic factor gene in activity-dependent mRNA stabilization. *J Neurochem* **115**:1222-1233, 2010.
33) Park H, Poo M-m: Neurotrophin regulation of neural circuit development and function. *Nature Rev* **14**:7-23, 2013.
34) Eagan MF, Kojima M, Callicott JH, Goldberg TE, Kolachana BS, Bertolino A, Zeitsev E, Gold B, Goldman D, Dean M, Lu B, Weinberger DR: The BDNF val66met polymorphism affects activity-dependent secretion of BDNF and human memory and hippocampal function. *Cell* **112**:257-269, 2003.
35) Shinoda Y, Sadakata T, Nakao K, Katoh-Senba R, Kinameri E, Furuya A, Yanagawa Y, Hirase H, Furuichi T: Calcium-dependent activator protein for secretion2 (CAPS2) promotes BDNF secretion and is critical for the development of GABAergic interneuron network. *Proc Natl Acad Sci USA* **108**, 373-378, 2011.
36) Danzer SC, McNamara JO: Localization of brain-derived neurotrophic factor to distinct terminals of mossy fiber axons implies regulation of both excitation and feedforward inhibition of CA3 pyramidal cells. *J Neurosci* **24**:11346-11355, 2004.
37) Schneider T, Prewtocki R: Behavioral alterations in rats prenatally exposed to valproic

acid : animal model of autism. *Neuropsychopharmacology* **30** : 80-89, 2005.
38) Fukuchi M, Nii T, Ishimaru N, Minamino A, Hara D, Takasaki I, Tabuchi A, Tsuda M : Valproic acid induces up- or down-regulation of gene expression responsible for the neuronal excitation and inhibition in rat cortical neurons through its epigenetic actions. *Neurosci Res* **65** : 35-43, 2009.
39) Nishikawa K : Molecular mechanisms of neurotoxic actions of general anesthetics on the developing brain. *Anesthesia 21 Century* **14** : 22-26, 2012.
40) Ihara D, Fukuchi M, Honma D, Takasaki I, Ishikawa M, Tabuchi A, Tsuda M : Deltamethrin, a type II pyrethroid, has neurotrophic effects on neurons with continuous activation of Bdnf promoter. *Neuropharm* **62** : 1091-1098, 2012.

3

分子生物学からみた社会性

　本書のような『情動と発達・教育―子どもの成長環境』という本が出される際に，いくら基礎的な図書だからといって分子生物学の章が組み込まれるとは，ずいぶん時代が変わったものである．ただ，まだまだ分子生物学から社会性が語れるなどと簡単な話ではないのも事実である．分子生物学は生体物質をDNA,RNAといった分子レベルまで単離し，それらの機構を理解することによって，生体そのものを理解しようとするいわば要素還元主義に基づくものであり，1953年のワトソンとクリックによるDNAらせん構造の発見を緒に，20世紀の生命科学の中で，最も発展した領域である．その間に原核生物で始まった分子生物学は，我々ヒトを含む哺乳類へとその分子レベルでの研究が爆発的に広がった．その成果は，ヒトゲノム計画をはじめとする様々な網羅的データとしてデータベース化され，21世紀はそれを体系的，系統的に理解するシステム生物学へと流れを移しているのが現況である．その中で，「情動」や「心」といったものがどこまで分子で理解されたかというと正直まだまだ闇の中であると言わざるを得ない．「情動」や「心」といったものは，もちろん脳で形成される訳であるが，その脳の機能はまだ分からないことだらけであるといった方が正しいかもしれない．脳は「心」を含む全身のあらゆる機能を統合する役割を担っているが，その機能構築は，DNAを有する神経細胞がシナプスを介して神経回路（ネットワーク）を形成し，それらの神経活動が臓器，個体の機能（行動や認知機能）を規定するというものからなっており，分子から個体までの機能構築を一義的に理解する方法論はまだ見当たらない．もちろん，脳は神経細胞だけでなりたつ訳ではなく，それを上回る容量のグリア細胞やまた血管系を含む「脳内環境」が脳機能に重要な役割を果たしていることもよく知られている．

　「発達」という観点で見た時，脳の発生，シナプスの発達の機構では分子レベ

3. 分子生物学からみた社会性

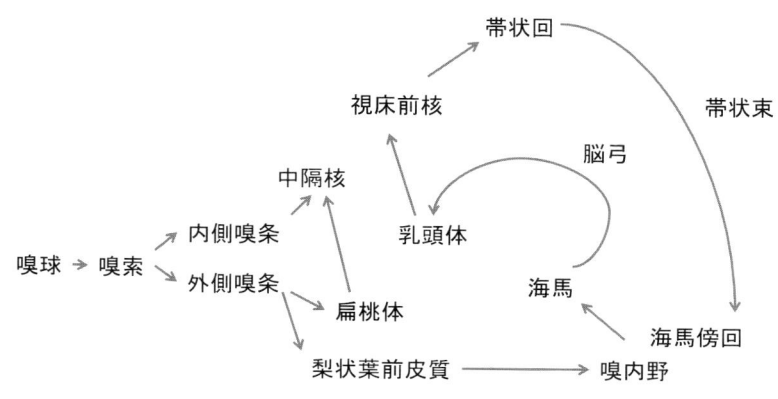

図3.1 情動にかかわる神経回路
情動の中心的な脳部位として扁桃体があるが，嗅球からの入力を受け，大脳辺縁系の各部位に出力する．大脳辺縁系は，大脳半球の内側面において側脳室を取り囲む皮質部分で，情動を含む本能的行動に関与する．

ルでの解析が行われているが，「情動」という視点でその回路，さらにはそれによる情動行動の仕組みはまだ分子レベルに基づいていない．「情動遺伝子」といった1つの遺伝子で情動を規定するものは存在せず，情動の神経回路を構成する神経細胞およびその周りの「脳内環境」によって情動が構築されると考えられる．情動に重要な脳領域は大脳辺縁系であり，広義の嗅脳といえる領域であり，中心的な核として扁桃体が知られている（図3.1）．これまで神経回路の研究では，海馬，小脳の研究が主であったが，扁桃体を介する神経回路の解析は，最近急速に進んでいる．情動を喜怒哀楽の感情とするならば，これらの仕事を紹介することになるが，本巻ではさらに広く子どもの発達およびその障害に焦点が当てられているので，本章においても，社会性を子どもの発達過程に得られるものと考えて，その分子的基盤を考えることとする．これまでの生物学の歴史を振り返れば明らかであるが，現象を分子で説明するうえで，最も強力な手法の1つは遺伝学である．社会性としての子どもの発達を考えた時，その遺伝的変異の1つは，自閉症ということになる．そこで，自閉症の遺伝学的解析からその分子的基盤の一端を考え，その生物学的考察として動物モデルの研究を紹介する．最近頻繁に自閉症の生物学的研究に関する様々な著書，総説が世に出ているが[1]-[10]，本章では，生物学的アプローチを可能にした，自閉症の疾患モデルとしての動物モデル，特に遺伝学が使えるマウスモデルを中心に議論することにより，発達障害に対して

いかに分子的にアプローチすることができるか，ひいては神経回路の分子的理解への端緒としたい．

3.1 自 閉 症

自閉症は，米国の児童精神科医である Leo Kanner が 1943 年に初めて報告した，いわゆる知的障害を併発する低機能型，あるいは古典的自閉症から，現在では，高機能型自閉症を含む自閉スペクトラム症（autism spectrum disorder；ASD）として広く社会に知られるようになった．米国の診断基準である DSM-5 (Diagnostic and Statistic Manual of Mental Disorders) では，神経発達障害の中の自閉スペクトラム症として，その症状は①社会的コミュニケーションおよび社会的相互作用の障害，②行動，興味や活動の限定的，反復的パターンに代表される．小児の代表的精神行動異常疾患で，半年から 1 年までには症状がみられ遅くとも 3 歳までには診断がつくが，その症状は生涯にわたる．また，DSM-5 に新しく加えられた症状として，感覚刺激に対して過敏であったり，またその逆に鈍麻であったりすることが挙げられており，これらの表現型は生物学的なアプローチが可能であり，特に注目されるところである．スペクトラムという概念は自閉症だけでなく，広く精神疾患に取り入れられている．すなわち，自閉症，統合失調症，気分障害といった精神疾患はそれぞれ独立した疾患というよりは，それぞれの境界が連続的につながり，移行するようなもので，疾患のみならず，正常人との境界も連続的につながっているものと考えるのが現在の考え方である．ASD は，これまでは 1000 人あたり数人の発症頻度と言われてきたが，昨今では上述の疾患概念の広範化，医師を含めた社会の認識度の上昇もあり，統計によっては，1% を優に超えるものも現れ，最新の米国疾病予防管理センター（CDC）の最新の報告では，68 人に 1 人という驚くべき数字がでてきている．原因としては，他の精神疾患や複合疾患同様，環境要因も示唆されているが，もちろん遺伝的要素も重要になってきている．例えば，一卵性双生児の研究では，発症の一致率が 60〜90%（ASD の場合）以上と，統合失調症や双極性障害を含む気分障害といった他の精神疾患に比べて高い割合が報告され，疾患の原因として遺伝的関与が強く示唆されている．だからこそ，自閉症研究は今や精神疾患研究をリードする領域となっている．また，ASD を早く診断し，療育を施すことにより，社会生活が可能になることも重要な観点である．

ASD の原因は，まだまだ不明なケースが大半（70% 以上）を占めるが，原因の分かってきたケースとしては，①症候群（脆弱性 X，レット，結節性硬化症などの症候群でいずれも原因遺伝子が同定されている），②遺伝子変異（レア変異と呼ばれ，例えばシナプス関連分子などに変異が起こる例が非常にまれではあるが見られる），③ゲノム変異（コピー数多型（copy number variation；CNV）とも呼ばれる染色体異常）などが挙げられる．CNV とは最近のゲノム科学の進歩とともに認識が新たにされたもので，ゲノム上の Kb（キロベース）から Mb（メガベース）にわたる領域における欠損や重複をさし，ヒトゲノムには一塩基置換（single nucleotide polymorphism；SNP）のみならず，この CNV がゲノムの多様性をうみ，また癌や精神疾患などの病気の原因となっていることが知られてきた．ASD の原因としての CNV では de novo 変異（両親には異常が見られないものの，子どもに見られる変異）が多いと考えられている．

ASD をはじめとする精神疾患など，言語の障害に代表される精神行動異常を生物学的に解析することは困難と考えられ，特に動物モデルは難しいものと予想されていた．研究者の中には，「マウスで心が分かる訳がない」という強い不信感もいまだ歴然と存在する．さらに，自閉症の研究はこれまで生物学的研究というよりもむしろ障害児教育の問題として教育心理学的に問題とされることがほとんどであった．しかしながら，最近の神経科学の進歩とともに，とりわけ，米国においては，自閉症の（生物学的）研究が非常に盛んになってきた．「マウスでも心の一端が見えるかもしれない」と期待を抱かせる時代がきたのである．実際，マウスモデルを用いて，化合物（薬剤候補物）を投与することにより，表現型（症状）のでていたマウスが回復するという報告もなされ，一旦症状がでた後でも薬物治療が可能かもしれないと思える知見も報告されている[11]．

3.2　自閉症のモデルマウス

自閉症のモデルマウスの例として，染色体異常（CNV）を有する ASD 患者のモデルマウスを紹介する．従来のゲノム異常と言えば，主に遺伝的検査の対象となる患者の染色体検査で分かる大きなゲノム領域の変異，すなわち染色体異常であった．しかし，昨今のゲノム科学の手法，例えば CHG（comparative genomic hybridization）法というゲノム解析手法により網羅的かつ詳細なゲノム異常の検出が可能になってきた．その結果，ヒトゲノム上には従来考えられていた以上に

CNVが多く存在することが分かってきた．さらに，このCNVが確かにASDと関連しているというデータも蓄積している[12]．

ヒト染色体15q11-13領域の重複は，その同じゲノム配列領域が余分に加わるもので，ASDの細胞遺伝的な異常として最も頻度が高く見られるものである[13]．本領域は，ゲノム刷込み（インプリンティング）領域を含むが，非インプリンティング領域には抑制性神経伝達に重要な役割をはたす$GABA_A$受容体のサブユニットのクラスターなどが存在する（図3.2）．ゲノム刷込み（インプリンティング）とは，遺伝子発現の制御の方法の1つであり，一般に我々ヒトを含むほ乳類では父親と母親から同じ遺伝子を2つ受け継ぐが，いくつかの遺伝子は片方の親から受け継いだ遺伝子のみが発現することが知られており，この現象をゲノム刷込みと呼ぶ．本領域の父親由来ゲノム領域が欠損するとPrader-Willi症候群という病気になり，母親由来の同領域が欠損するとAngelman症候群という別の病気になることからもこの領域がゲノム刷込み領域であることが分かる．このヒト15q11-q13領域はマウス染色体7番上によく保存されている．この点を利用して，染色体工学的手法を用いて人工的にマウス7番染色体上にヒト15q11-13相同領

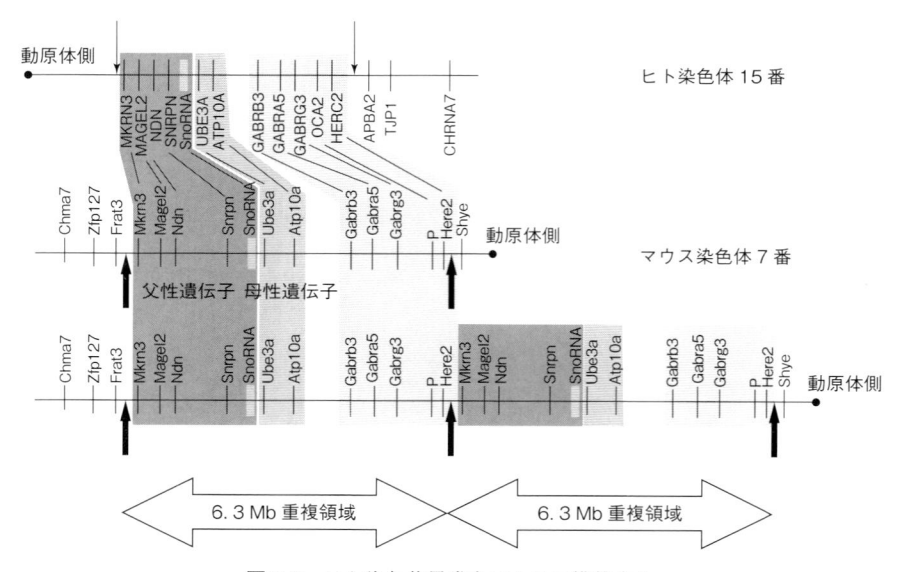

図3.2 ヒト染色体異常をマウスで構築する

ヒト染色体15q11-q13領域はマウス染色体7番に保存されていることを利用して，染色体工学的手法によりマウスのゲノム上で重複を作製する．

域が重複するマウスが作製された[14]．

今日においては，ASDの社会的行動異常に対応するマウス行動試験が提案されている．これらの行動試験を利用して，上記のように作製された父性重複マウス（重複が父親のゲノム由来，patDp/＋）が，社会的相互作用の障害，超音波啼鳴数の発達異常，固執的常同様行動など，自閉症様行動を示すことが明らかにされた[14]．本重複マウスは，自閉症様行動を示すといった表現型妥当性を充たすだけでなく，ヒト生物学的（染色体）異常と同じ生物学的異常を有するという構成的妥当性を充たすヒト型モデルマウスであり，単一遺伝子のノックアウトマウスで自閉症様行動を示すといったputativeモデルマウスとは一線を画すものとして期待される．

モデルマウスの利点は，ヒトでは調べられない脳内の状況を様々な手法で調べられることである．ASDのヒト遺伝学的解析から上記のとおり，シナプス関連分子が原因として同定され，自閉症のみならず，統合失調症でも見つかり，さらには気分障害においてもシナプスレベルでの異常が見いだされた．これらのことから，現在では精神疾患はシナプス病として考えることができるようになった[15),16)]．patDp/＋マウスにおいても，生きたままでのスパイン（シナプスを構成する神経細胞樹状突起状にある棘状の突起物）を観察することにより，スパインのターンオーバー（すなわち，スパインができたり，消えたりする率）が上昇していることが明らかにされた[17]．また，本表現型（スパインダイナミクスの上昇）は，patDp/＋マウスのみならず，他の自閉症モデルマウスでも観察され，細胞レベルにおける共通のエンドフェノタイプと考えられる．

またモデルマウスの別の利点として，治療薬の候補となるものを調べることができる．patDp/＋マウスは，セロトニンシグナルの異常，発達期における脳内セロトニンの異常[18]を示した．すなわち，発達期における脳内でのセロトニンの低下が，神経の発達に影響をおよぼし，結果として行動異常をきたしていることが予想された．実際，patDp/＋マウスのセロトニン神経の活動は低下していた．発達期の脳内セロトニン濃度を上げることにより，セロトニン神経系の活動が回復し，社会性行動も回復することが分かった．このことは，上記の例だけでなく，ASDの治療薬の可能性を示す新たな例となる．

さらに，zinc finger，TALEN，CRISPR/Casと呼ばれる最近のゲノム編集技術の進歩は著しいものがあり，これらのゲノム編集技術を利用した「次世代」染色

体工学の開発により，疾患モデルの一層の開発が期待される[19]．従来の染色体工学的手法は技術的難度が高く，世界的にも広まりが今一つであったが，「次世代」染色体工学により，より多くのヒト型モデルが作製されることが期待される．

おわりに

単一遺伝子のノックアウトマウスであっても，いろいろなモデルマウスの解析の蓄積により，自閉症の異常パスウェイといったものが逆に見えてくる可能性がある．例えば，BDNF，PTEN，TSC，Nf など，その異常マウスで自閉症様行動を示すことが知られている分子群が，増殖因子からの mTOR シグナルパスウェイにのっている．さらに連鎖解析など臨床研究の成果を組み合わせることにより，異常パスウェイがより鮮明になり，新たなパスウェイが明らかになる可能性が高いと言える．様々なマウスモデルを同じプラットフォームで検討することにより，異なる原因とされるモデルも共通のエンドフェノタイプとでも呼ぶべきものも見つかってくる．上記で述べたスパインダイナミクスの異常はこの例である．

自閉症を含む精神疾患は，これまで脳の器質的障害がない疾患ということで，脳の器質的障害の見られる神経疾患とは全く異なるものと考えられていた．しかしながら，科学の凄まじい程の進歩とともに，今や精神疾患も生物学的異常をその病態生理の基本とするという概念に多くの人が同意する時代である．筆者のやや極端な仮説では，神経疾患と精神疾患の違いはその生物学的異常の部位にあって，異常そのものの原因には共通するところも多いかもしれないというものである．すなわち，神経疾患はその異常が神経細胞細胞体に見られるが，精神疾患の異常はスパイン（樹状突起棘）にあるというものである[15),16)]．スパインは神経回路形成に重要な役割を担うシナプスを形成する．このシナプスに病態があるとする「synaptopathy」（シナプス病）は自閉症で言われはじめ，その後，統合失調症，さらにはうつにまで展開している．精神疾患の病態はこのシナプスにあるため，例えば死後脳の一般的な病理学的検査ではその器質的異常をとらえられないということだっただけで，生物学的異常としては，神経疾患同様に起こっていると考えられる．現在，神経疾患，精神疾患と別個の疾患群に分類されているが，いずれも神経疾患という大きなカテゴリーの中に入っていくかもしれない．

自閉症を含む発達障害は，統合失調症や躁うつ病などの精神疾患に比べると脳の形態的異常や他の客観的異常も多い．上記で述べたものを含む様々なモデルマ

ウスの解析やヒト臨床との相互関連，さらには生物学領域のみならずこれまでの手法にとらわれない様々な解析方法の導入により，生物学から遠く離れていたかに思えた自閉症も含めて，精神疾患の病態生理が議論される日も遠くもないかもしれない．分子の異常や細胞レベルの理解に加えて，昨今神経科学の標準的技法にもなりつつある光遺伝学的手法を用いた神経回路の解析は，さらに病態理解に必須である．分子・細胞と行動を結びつける回路レベルでの理解により，病態の全体像が明らかになり，またそのことにより情動などの認知機能の発達の理解に結びつくものと期待される． ［内匠　透］

文　　献

1) Amaral DG et al.（ed.）：Autism Spectrum Disorders. Oxford University Press：2011.
2) Buxbaum JD, Hof PR（ed.）：The Neuroscience of Autism Spectrum Disorders. Academic Press：2013.
3) Mefford HC et al.：Genomic, intellectual disability, and autism. *New Engl J Med* **366**：733-743, 2012.
4) Huguert G et al.：The genetic landscapes of autism spectrum disorders. *Annu Rev Genomics Hum Genet* **14**：191-213, 2013.
5) Delorme et al.：Progress toward treatments for synaptic defects in autism. *Nat Med* **19**：685-694, 2013.
6) Gosh A et al.：Drug discovery for autism spectrum disorder：challenges and opportunities. *Nat Rev Drug Disc* **12**：777-790, 2013.
7) Lai M-C et al.：Autism, *Lancet* **383**：896-910, 2014.
8) Liu X, Takumi T：Genomic and genetic aspects of autism spectrum disorder. *Biochem Biophys Res Commun* **452**：244-253, 2014.
9) 内匠　透：自閉症の疾患モデル．In：糸川昌成監修：メンタル医療．シーエムシー出版：113-122, 2013.
10) 内匠　透監修：自閉症の生物学：細胞工学 **34**：2015.
11) Dolan BM：Rescue of fragile X phenotypes in Fmr1 KO mice by the small-molecule PAK Inhibitor FRAX486. *Proc Natl Acad Sci USA* **110**：5671-5676, 2013.
12) Cook Jr EH, Scherer SW：Copy-number variations associated with neuropsychiatric conditions. *Nature* **455**：919-923, 2008.
13) Takumi T：The neurobiology of mouse models syntenic to human chromosome 15q. *J Neurodev Disord* **3**：270-281, 2011.
14) Nakatani J et al.：Abnormal behavior in a chromosome-engineered mouse model for human 15q11-13 duplication seen in autism. *Cell* **137**：1235-1246, 2009.
15) 内匠　透：精神疾患はスパインの病気？　蛋白質 核酸 酵素 **51**：2328-2333, 2006.
16) 内匠　透：精神疾患における器質的障害部位としてのスパインバイオロジー．日本神経精神薬理雑誌 **27**：103-107, 2007.
17) Isshiki et al.：Enhanced sypanse remodeling as a common phenotype in mouse models

of autism. *Nat Commun* **5**：4742, 2014.
18) Tamada K et al.：Decreased exploratory activity in a mouse model of 15q duplication syndrome; implications for disturbance of serotonin signaling. *PLoS ONE* **5**：e15126, 2010.
19) 野村　淳, 内匠　透：TALENおよびCRISPR/Cas9を用いた染色体改変法. In：山本　卓編：今すぐ始めるゲノム編集. 羊土社：73-80, 2014.

事例編

4 施設入所児が抱える問題

4.1 子どものための施設

a. 児童福祉施設について

　子どもの入所施設である児童福祉施設は，大きく以下の4つに分類される[1]．

①助産院，保育所，児童厚生施設（児童館や児童遊園）など子どもの誕生と成長を支援する施設

②何らかの理由で親子が家庭で共に生活することができず，子どものみが入所して支援を受ける入所施設（乳児院，児童養護施設，情緒障害児短期治療施設，児童自立支援施設）

③母子ともに入所して生活基盤の構築を目指す施設（母子生活支援施設）

④障害児のための施設（知的障害児施設，肢体不自由児施設など）

　②の子どもの入所施設は全国に約700か所あり，38000人ほどの子どもたちが施設で生活している．1997年の児童福祉法改正で「養護施設」は「児童養護施設」に改称となり，虐待を受けた子どもの受け皿の1つとなってきた．

　保坂ら[2]は，児童虐待の文献研究を通して，1970年代は「一般の人々にも専門家の間にも，虐待の実態が十分知られていなかった時代」，1980年代は，「専門家が危機感を持って調査研究を行った時代」，そして1990年代以降は「児童虐待を巡る文献は飛躍的な拡大を見せ，大きな転換期を迎えることになる」と指摘している．児童虐待の問題が社会的にも認知されてきたことを背景に，2000年に「児童虐待の防止等に関する法律」（通称：児童虐待防止法）が制定されることになった．その後全国の児童相談所に寄せられる児童虐待相談件数は増え続け，2013年度は73765件（速報値）と過去最多を更新した．その中の11%ほどが施設入所に至っており，現在，子どもの入所施設における虐待を受けた子どもの支

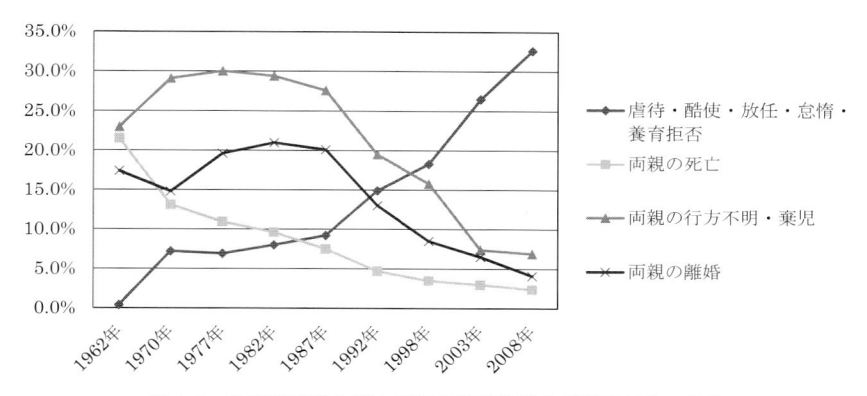

図 4.1 養護問題発生理由別児童養護施設入所児童割合の推移

1962 年～1998 年までは保坂ら[2]を転載，2003 年と 2008 年は，厚生労働省雇用均等・児童家庭局「児童養護施設入所児童等調査結果の概要」を参照した．なお，「養育拒否」は 1987 年まで該当項目がなく，1992 年以降の統計値を合算した．

援は重要な課題となっている．

このように，施設入所児の困難（養護問題の発生事由）は両親の不在などの「養護問題」から，虐待や家族関係不調などの「家庭の養育機能の失調」へと様変わりしてきている（図 4.1）．そのため施設の「療育」あるいは「治療」的機能への社会的要請が強まり，その一環として，1999 年度から児童養護施設に心理職が配置されはじめた．本章では，施設入所児，とくに虐待を受けた子どもが抱える情緒問題をアタッチメントとソーシャル・サポートという視点からとらえ，その支援のために必要な事柄を指摘したい．

b. 施設への入所と子どもの生活

多くの場合，施設入所にあたっては子どもと親の同意のもと，家庭からの施設入所となる．児童相談所の一時保護所から施設入所になる子どももいるが，この一時保護は「子どもの生命の安全を確保する」ことを目的としているため，親が同意しない場合でも行政権限で子どもを保護することができる（「職権一時保護」）．同様に，施設入所に親が不同意の場合は，家庭裁判所の承認によって入所が可能になる（児童福祉法第 28 条）．

施設は大規模なものから小規模なものまで様々であり，一概に述べることはできないが，2012 年 3 月の状況を表 4.1 に示した（厚生労働省「社会的養護の現

表 4.1 児童養護施設の寮舎形態の状況

寮舎の形態	規　模	全体の割合	
		2012 年	2008 年
大　舎	20 名以上	50.7%	75.8%
中　舎	13〜19 名	26.6%	19.5%
小　舎	12 名以下	40.9%	23.4%

状について」(参考資料)).国は「施設の小規模化」を進めており,2008 年からの変化はこの現れと考えられる.この他,「地域小規模児童養護施設(グループホーム)」や「小規模グループケア」といった 6 名ほどの子どもが家庭に近い状況で生活できる環境作りを実践する施設が増えている.なお,里親など(里親とファミリーホームを含む)委託率は 2012 年度末 14.8% と徐々に増加してはいるものの,50% を超える先進諸国とは大きく異なる状況に留まっている.

　厨房などではなく,目に見える場所で食事が作られ,洗濯物がたたまれるといった手触りが感じられる日常生活は社会的保護下にある子どもにとってとても重要な要素である.ただ,小規模化と子どもの治療効果は必ずしも一致しないという報告[3]がある.また,小規模化がスタッフの施設内連携を難しくさせている,という意見も少なくない.小規模化のあり方は,今後さらなる検証が求められることになるだろう.

c.　児童福祉施設のスタッフ

　児童福祉施設の 1 つである児童養護施設には,子どもの生活支援を行う児童指導員・保育士の配置が厚生労働省令による「児童福祉施設最低基準」で定められている.2013 年に 30 年以上変化のなかった職員配置基準が学童以上について子ども 5.5 人に 1 人以上のスタッフ配置(それまでは 6 人に 1 人以上)になるなどの変更があった.実際は各自治体による加配配置(地域の実情により最低基準を上回るスタッフを自治体が保障すること)があるため,スタッフ配置は地域によって異なっている.2015 年度からは,子ども 5.5 人から 4 人への変更が実施されるものの,担当児への個別的関わりのために長時間勤務をしている職員は少なくない.黒田[4]によれば週 55 時間以上の勤務をしている児童養護施設職員は 40.8% であった.施設スタッフは勤務の不規則さ,対人援助職特有の「尺度の不明確さ」[5]による職場内ストレス,あるいは虐待という厳しい体験を生き抜

いてきた子どもを支援する際に援助者も疲弊していく「二次的外傷性ストレス」[6]などのため,「1年目は初心者,3年で中堅,5年でベテラン」と形容されるほど,離職が多い.岡本[7]によれば,神奈川県の19施設,計48人の平均勤続年数は3.42年であった.ケアの物理的環境整備も重要だが,施設ケアが養育的であるためには,経験の蓄積が必要不可欠となる.この意味でも,ケアスタッフが長く勤務できる環境整備が求められる.

施設にはいわゆる直接処遇職員としてのケアスタッフに加えて,ファミリーソーシャルワーカーや心理職など,福祉,心理の専門家がいる(施設によっては看護師や医師といった医療スタッフも配置されている).児童養護施設では心理職の常勤化が進み,福祉職と心理職が協働して日常の子どものケアにあたっている.ただ,児童福祉施設は基本的に子どもの生活施設であるため,心理職が生活指導(日常生活への積極的介入)や生活支援(食事や行事など限定的な参加)を業務として担うことが少なくない.村松[8]によれば,常勤者の59.6%に生活指導業務があったが,その是非について23.1%が賛成,76.9%が反対かわからないと回答した.施設心理職には,子どもと日常生活をともにしながら個別心理面接を行うという特有の困難さがある.標準的な心理職の活動との乖離が,「20歳代,(当該施設)経験年数3年程度というのが平均的な心理職の姿」[9]という経験の浅さに反映しているのかもしれない.

4.2 児童虐待とは

a. 虐待の分類

前節で児童相談所が対応する虐待ケースの件数を記載した.このケース数の伸びは,たとえば養育機能の低下といった限定された問題としてとらえるより,育児は家庭に限定された私的な営みではなく,社会がその一端を担うものという認識が明確になりつつあることの現れと考えるべきであろう.実際,児童虐待防止法では,虐待の通告は子どもに関わる専門家だけでなく,「国民の責務」となっている.

厚生労働省による児童虐待の分類は表4.2の4つである.

ネグレクト(neglect)は,育児放棄や養育拒否といった訳語があるが,いずれも過不足のある表現であるため,「ネグレクト」とそのまま表記されることが多い.なお,訳語に関しては,典型的な外傷である「陽性外傷」に対して,ネグ

表 4.2 児童虐待の分類

身体的虐待	殴る，蹴る，投げ落とす，激しく揺さぶる，やけどを負わせる，溺れさせる，首を絞める，縄などにより一室に拘束する，など
性的虐待	子どもへの性的行為，性的行為を見せる，性器を触るまたは触らせる，ポルノグラフィの被写体にする，など
ネグレクト	家に閉じ込める，食事を与えない，ひどく不潔にする，自動車の中に放置する，重い病気になっても病院に連れていかない，など
心理的虐待	言葉による脅し，無視，きょうだい間での差別的扱い，子どもの目の前で家族に対して暴力をふるう（ドメスティック・バイオレンス；DV）など

http://www.mhlw.go.jp/seisakunitsuite/bunya/kodomo/kodomo_kosodate/dv/about.html より転載

レクトを「陰性外傷」と呼ぶ岡野[10]の提案がある．関連する事柄として，近年居所不明のため「不就学」になっている子どもたちの存在が社会問題化しているが（詳しくは保坂[11]），必要性や義務があるにもかかわらず，子どもを保育園や幼稚園，あるいは小学校に通わせない（通わせられない）ことは「教育ネグレクト」と判断し，諸機関が連携しながら積極的な対策をしていくことが求められている．

b. 児童虐待の現状

小林[12]によって行われた，全国約40種類19900機関への悉皆的調査によれば，虐待把握時の平均年齢は$6.1±4.5$歳であった．性的虐待は4%と欧米に比べて極端に少ないが，性的虐待は家庭内の「秘密」にされ，支援が始まってから明らかになることが少なくない．さらに，虐待者は全体で見ると約8割が実父母だが，性的虐待では実父が42%，継父が24%となる．性的虐待の特徴的なリスク要因として，家庭内に内縁関係の非血縁者がいることが指摘されている．

虐待を受けた子どものうち，乳幼児が全体の56%を占めており，毎年の推定発生率は「5歳まではおよそ4人に1人，6〜9歳は500〜700人に1人」と算出された．さらに，保護時には約8割がケアの必要な状態であった．養育者に依存すること，自分では抱えられない情動を養育者に受け止められ分化させていくこと，自らの能力を発揮できる活動の拠点（「安全基地」[13]）を持つことなど，5歳までに子どもが経験することは限りなく大きい．この大切な時期に虐待を受ける

ことは，子どものトラウマ体験となって，心身の成長に重大なダメージを与えることになる．

　2012 年度は，小林の調査時より虐待の通告件数が約 4 倍に増加しているため，虐待の発生率には変化があるかもしれないが，「実際には通告実数の 1.4 倍程度が発生し，各機関では毎年の累積数を抱えている」という指摘を踏まえれば，児童虐待は必ずしも特別な家庭にのみ起こる特異的な現象とは言えないと考えられる．

c.　トラウマとしての虐待と身体への影響

　トラウマ（trauma）に関して，わが国では 1995 年が 1 つの大きな転換点になったと言える．1 月には阪神淡路大震災が，3 月には地下鉄サリン事件という未曾有の事態が発生した．これらの事態は，災害，事故，事件などによって，身体が傷つくだけでなく，心もまた傷つくことを私たちが知る契機となった．

　トラウマはもともと身体の傷を示す用語であったが，次第に心の傷としての位置づけが強くなってきた．産業革命以降の近代化は，私たちに大きな利便性をもたらしたが，科学技術の発達は大規模な鉄道事故や殺傷率の高い戦争などのマイナス面を同時に抱えてきた．とくにベトナム戦争帰還兵の精神病理と社会不適応の深刻さが，心の傷としてのトラウマへの注目を高めることになった．

　トラウマによる精神的失調は心的外傷後ストレス障害（post traumatic stress disorder：PTSD）と呼ばれている．PTSD の症状は「侵入（再体験）」「回避」「認知と気分の陰性の変化」「覚醒度と反応性の著しい変化」の 4 つのクラスターから成る．「侵入（再体験）」は，フラッシュバックに代表されるように，自分の意志とは関係なく自分にとって苦しい体験が想起されてしまう．多くの場合，発汗や動悸，ふるえなどの身体反応が伴う．就寝中に外傷にまつわる悪夢でうなされることもある．

　あまりにも衝撃的な事態に直面したとき，人はその事態への「感度」を低くしたり，体験そのものと距離をとってショックを弱めようとする．それは自分を守る正当な試みであるが，あまりに過度になると，社会生活から引き込もってしまったり，物事への感じ方の幅を狭めてしまい，何事にも興味が湧かなくなってしまうことがある．「回避」「認知と気分の陰性の変化」はこのように，自己防衛としての適応的側面と，不適応的側面の両方を持っている．

「覚醒度と反応性の著しい変化」は，再び外傷的な体験に遭遇しないよう常に警戒モードでの生活を余儀なくされている状態である．あたかも見慣れない人間を警戒する動物のように，それは生物としてのヒトの自然な反応であると言うこともできる．ある子どもは，自分の身の回りでトラブルがあると遠くからでもそれを聞きつけ，「何？　何があったの？　教えて！」と事態に関与したがった．この子どもは夜間の入眠困難も強く，心身の警戒を解くことが容易でなかった．虐待を受けた子どもは，過活動で多動なことが少なくなく，発達障害児特有の行動と重なって見えることがある．発達障害児の多動と鑑別するために，彼らの落ち着かなさを西澤[14]は「AD/HD様状態」と呼んでいる．また，杉山[15]は虐待を受けた子どもたちが発達障害と類似の症状を示すとして，「虐待に基づく発達障害群」（発達障害の第4グループ）というカテゴリーを提唱している．

杉山によるカテゴライズは，事件や事故，災害などの一回性のトラウマによる症状と，虐待や家庭内暴力（DV）などの反復的・慢性的トラウマとでは，症状や治療が異なるのではないかという問題提起に連なるものであろう．ハーマンはトラウマによる多彩な症状をとらえるために，前者を単純型PTSD（simple PTSD），後者を複合型PTSD（complex PTSD）と区別した．また，複雑性PTSDと関連する診断としてDESNOS（その他に特定されない極端なストレス障害；disorder of extreme stress not otherwise specified[16]）が提案され，議論されている．

ただ，トラウマを受けた人がすべて明らかな症状を示すわけではなく，東日本大震災では遅発性のPTSDが報告されている．性的虐待研究のメタ分析では，アセスメントを実施した時点で21〜49％の対象者が症状を示していなかった，という報告もある[17]．PTSDは，トラウマの性質や加害者との関係性，個人のパーソナリティ，環境的要因といった複雑な要因を背景に持つ症状と考えられるだろう．

児童虐待によるトラウマは，子どもに生物学的な影響を与えるという指摘がある．友田[18]の著作では，児童虐待による海馬の体積の縮小など脳へのダメージ，また低体重，低身長など身体発育面への影響などが紹介されている．この他にも感情を司るとされる扁桃核の誤作動が，本来は「恐れ」を感じる必要のない場所で「恐れの回路」を活性化してしまう結果，思考が介在しない逃走-逃避反応を繰り返してしまうという[19]．さらに，虐待を受けた子どもはそうでない子どもよ

りも脳波異常の出現率が2倍高いという研究[20]を踏まえると，児童虐待は子どもの身体にも大きな影響を与え，それは様々な症状となって子どもの日常生活を困難なものにしていると考えられる．児童虐待への支援では，こういった生物学的な影響も考慮していく必要がある．

d. 虐待を受けた子どもの学力と学校問題

情緒障害児短期治療施設，児童自立支援施設に入所した子どもは，基本的に施設内にある学級（校区の特別支援級の分級である場合が多い）に通学する．一方，児童養護施設入所児は家庭の子どもと同じ地域の学校に通っている．ただ，施設入所児は「学力不振」と「学校不適応」という2つの困難を抱えている．

表4.3に，厚生労働省「平成19年度児童養護施設入所児童調査の概要」による学業に遅れがある子どもの割合を示した．児童養護施設では4人に1人，情緒障害児短期治療施設と児童自立支援施設では，半数以上に遅れがある．この背景には知的障害のみでなく，発達障害やその他の養育上の問題など（たとえば虐待によるPTSD），様々な要因が考えられる．

米澤[21]による小学校教師を対象にした調査によれば，虐待を受けた子どもはそうでない子どもより，授業中の離席や授業を受けようとする姿勢，体育や水泳のときの着替えといった学習態度の問題に当てはまる割合が有意に高かった．東京都社会福祉協議会『「入所児童の学校等で起こす問題行動について」調査』[22]でも，回答のあった都内の53施設中，「学校で起こす問題行動で継続的に困っている」入所児の割合は，小学生低学年で24.0%，小学生高学年23.6%，中学生27.1%であり，ほとんどの児童が複数の問題を抱えていた．そして，子どもの行動問題は「暴力・暴言・けんか・いじめる等の攻撃型」（33.6%），「多動・落ち着かない・じっとしていられない」という「授業妨害・立ち歩き」（44.5%），「不

表4.3 学業に「遅れがある」子どもとその要因

	学習に遅れがある	知的障害	発達障害	その他の障害
児童養護施設	27.4%	9.4%	6.2%	7.3%
情緒障害児短期治療施設	53.4%	10.7%	31.9%	44.9%
児童自立支援施設	64.0%	9.3%	19.5%	13.2%

注：教育領域の視点から，本表の「発達障害」は，「ADHD」「LD」「広汎性発達障害」を合計した数値となっている．

登校・登校渋り・登校拒否」(25.9%) の 3 つに分類された．施設から通学する子どもは 1 人ではないから，1 つの学校で複数の施設入所児が何らかの「不適応状態」にあることが推察される．このことが，施設スタッフによる登下校時や授業中の付添いが必要となる状況に反映されているのかもしれない．神奈川県社会福祉協議会の調査[23]では，小学校への通学に際して，登下校の送迎を必要とする児童が 17.6%，授業の付添いを求められている児童は 7.6% と，施設側の負担の実態が浮き彫りになっている．施設入所児の学力不振と学校不適応への支援は喫緊の課題であると言える．

　学力不振に関しては，2009 年度から施設入所児の塾費用が公費で賄われることになり，彼らの学習支援の機会が拡大した．しかし，虐待を受けた子どもは漢字や計算といった反復学習を苦手にしていたり，学習を介しての対人関係で困難を生じやすい[24]．学校での不適応が，塾にそのまま持ち込まれる可能性がある．施設入所児の学習支援では，とくに対人関係の視点から，学習ボランティアの有効活用が指摘されている[25]．長尾[26]は学習ボランティアとしての実践を通じ，子どもとの関係性の構築について，「学習課題を共有できる関係性を築くためには，まずは学習課題に限らず，大人から相手の世界に積極的に入って共有していく」ことが必要であると述べている．このように，施設入所児の「学力不振」と「学校不適応」は単なる知的能力の問題だけではなく，子どもの育ちそのものの困難を反映していると考えることができる．

　子どもの育ちを踏まえた教育活動を担うのは，どんな場であるだろうか．一般家庭の子どもは，学校教育を受けるための育ち（準備）を経てきている．彼らと同じ場所で活動することは，学習の遅れと学校不適応感を抱えた子どもにとって高いハードルになるかもしれない．それが学校での行動問題につながっていると想定すれば，小集団で子どもの育ちを支えることが可能な特別支援学級（特別支援学校）の有効活用が期待できる．実際，保坂ら[25],[27]-[29]の一連の研究では，児童養護施設入所児の特別支援教育の活用と支援体制の充実（加配教員の配置など）が指摘され，「もっと静かな場所に行きたい」と自ら希望し，特別支援学級で落ち着いた子どもの事例が紹介されている．

4.3 施設における虐待を受けた子どもへの支援

a. トラウマへのアプローチ

　虐待を受けた子どもに，いずれの治療を試みる際にも，まず子どもの生活面の安全確保が大前提となる．ただ，子どもが施設や里親など，ひとまず安全と見なされる環境に移ってからも，行動の問題や，抑うつ感，不安感が全面に出て，援助者との関係が立ち行かなくなることがある．

　こうしてトラウマへのアプローチが必要となるが，現在トラウマ治療には，認知行動療法（CBT）や EMDR（眼球運動による脱感作および再処理法），薬物療法などが有効であるとされている．

　もし親が治療に参加することができるなら，コーヘン（Cohen）ら[30]によるトラウマ焦点化認知行動療法（TF-CBT）が有効な治療モデルを提供してくれるだろう．トラウマに向き合いながら自らの成育歴を振り返り，自身の歴史を再構成していくアプローチとしては，ナラティブ・エクスポージャー・セラピー（NET[31]）がある．TF-CBT 同様，トラウマへの暴露が求められるため，子どもに少なくない負担が生じる．施設における NET の実践も聞かれるようになってきたが，施設は子どもの生活環境を中心に作られているため，特別な治療アプローチのための体制をとることが難しい（緊急時対応や刺激の少ない環境の準備など）．このため，治療への導入には十分な配慮が求められる．

b. 虐待を受けた子どもへの遊戯療法

　これらの理由から，施設では遊戯療法が最も多く用いられ，多くの実践報告がある（たとえば樋口[32]）．虐待を受けた子どもの遊戯療法では，子どもが治療者を激しく痛めつけたり，親役になった子どもが子ども役の治療者を虐げる反復的な遊びが出現することが多い．このプロセスを概観してみたい．

　A くんは小学校六年生のとき，父親による身体的虐待をもとに筆者が勤務していた施設に入所した．施設への入所前には，地元の学校で授業中の離席が目立ち，担任の制止に対してもパニックになって泣き叫ぶことが頻回したという．なお，この施設は心理職である筆者の他にケアワーカーの担当もおり，子どもや家族をチームで支援するシステムをとっている．紙面の都合上，ケアワーカーや教師との関わりは割愛せざるを得ないが，心理面接と生活支援，そして学校での活

動は施設における子ども支援の三本柱であることを銘記しておきたい．なお〈 〉内は筆者の発言である．

　Aくんは，初回の面接から落ち着きなくプレイルームを動き回り，次々とおもちゃ棚を開けては「こんなのもあるんだ」と独り言のようにつぶやき確認していく．筆者はプレイルームの端に丸椅子を置き，〈何か面白そうなものあるかな〉〈（そんなものもあるって）びっくりかな〉と静かに声をかけるが，ほとんど応答がない．〈初めての場所で，緊張してるかな…〉とそっと言葉を運ぶと，小さくうなずく．やがて，「トミカタワー」（ミニカーの駐車場）を取り出し，「これやろう！」と言う．パトカーや救急車，ウルトラマンたち，恐竜や泥棒，ヘビなどのフィギュアを次々と運び，やがて「先生も手伝って！」と応援を要請する．筆者がAくんの指示どおりにフィギュア運びに加勢すると，「ケイドロ（警察と泥棒のごっこ遊び）やろう！　先生泥棒ね」と言う．すぐに役割が変わり，Aくんが泥棒となって，「手下のサル」を率い，トミカタワーを「アジト」にして次々と悪事を働く．周囲に置かれたパトカーもなす術がない．そこへ「ウルトラの父が登場！」し，泥棒とサルを改心させ，「平和な街」へと変貌を遂げる．しかしその平和はつかの間で，恐竜や毒蜘蛛がウルトラの父を「悪の大王」に変身させ，街を粉々に破壊し尽くす．こういった遊びが延々と繰り返された．あるとき，あまりに救いのない状況の繰返しに筆者が〈今日も全滅だね…救われないね…〉とつぶやくと，「これだけは残しておく」と小さな男の子のフィギュアを生存させた．翌回の面接では，ヘビやクモが跋扈する箱庭作品を作り，「気持ち悪い…」と言う．〈確かにぞっとするような箱庭だね…Aくん，大丈夫？〉と言うと，棚から仏像を持ってきて箱庭の上方に置き，拝む．〈大変なことになりませんように〉と筆者も一緒に手を合わせた．

　虐待を受けた子どもは，セラピー開始初期の段階から，激しい遊びを繰り広げることが少なくない．筆者がまず椅子に座るのは，侵入的な体験を繰り返してきた子どもに，お互いの物理的な境界をまず確認し合いたいという意図からである．プレイ中に子どもの後についていく，というスタンダードなスタイルは，虐待を受けた子どもとの遊戯療法では，かえって子どもがその近い距離に反応して，お互いの出会いを困難にしてしまう可能性があることに留意したい．

　近年施設ケアにおいて，親子というユニットの基本的関係性であるアタッチメント[33]に注目が集まっている．アタッチメントは，対象（養育者）との間で利

用可能性（availability）の予測ができ，接近可能であり（accessible），応答性があること（responsive）を土台にしている[34]．そして，子どもの自己の発達では，子どもの内的感情が反映された養育者との情緒的な相互交流（情動調律[35]）が欠かせない．したがって，「応答性」はその量ではなく，質が問題となる．とはいえ，子どもと養育者の間に最初から調和のとれた応答性があるわけではなく，応答性はその感度と質を高めていくことを志向する過程そのもの，と理解できる．虐待を受けた子どもとの関係作りでは，この場が，自らの情動を水路づけ，自分が保持できるように変換し得る可能性を子どもが実感できるようなやりとりが求められるだろう．Aくんが自分の中の怖い世界を「怖い」と言えたことは，怖さを対象化する過程であり，子ども自身が正体不明な情動に振り回されないための礎石となる．

　こういった関係ができると，やがて子どもは自身の虐待体験を生々しく演じ，十分それが演じ尽くされると，かすかに芽生えた自己感覚をもとに現実的な人間関係のテーマなどをプレイルームに持ち込むようになる．自己感覚が確かなものになっていく過程では，自らの虐待体験を言葉にして振り返ることもある．児童虐待は，子どもの体験を断片化してしまうが，それはあまりに苦しい体験が繰り返されたとき，解離（dissociation）という，その体験を自己から分離して自分を守ろうとするメカニズムが働くことがあることからも了解されよう．自らの虐待体験の振返りは，バラバラになった自己をまとめ上げていく「自己の歴史化」[1]の過程と考えることもできる．ただ，バラバラな自己のかけらは，隙間なくまとめ上げられるわけではない．それは，ところどころに欠損がある自己イメージなのではないか．虐待を受けた子どもたちが思春期・青年期を迎えたとき，抑うつ感に苛まれたり，環境の変化に上手く対応できないことを少なからず目にしてきたが，それはこの欠損感のゆえなのかもしれない．施設での遊戯療法で，まとまりのある「自己」を作り上げるという重要な営みに取り組んだ子どもたちに，引き続く支援をどう構想するか．虐待を受けた子どもたちの長い回復過程を見据えた支援では，この「欠損感」への視点が重要になってくる．

c．アタッチメント，ソーシャル・サポートを基盤にした児童虐待支援モデル

　アタッチメントで重要となるのは，子どもにネガティブな情動が体験され，それが養育者などから適切に制御・調整されることである[36]．この意味でも，施設

は子どもに生活環境を提供するだけでなく，子どもが「利用可能で，近づいても最悪の結果にならず，どんなときでも自分に関心を示し続けてくれる」と思えるようなサポートの場であることが必要となる．

青木[37]は，一般家庭の中でのアタッチメント形成は，「他人の入り込めない母子カプセルの関係イメージよりも，たくさんの花びらが折り重なった質感のある花のイメージに近い」と指摘している．この指摘に従えば，施設のスタッフ同士に良好な関係が存在するとき，施設そのものが安定的なアタッチメント機能を働かせている，と考えられよう．しかし，スタッフ間に言語化されない葛藤があって，子どもの複雑なアタッチメント行動を受け止めきれないこともある．協働を考える場合，「他職種協働」のように「施設外協働（連携）」がイメージされやすいが，もっとも難しいのは，「施設内協働（連携）」であることが多い（これはスタッフの過重な労働環境と関連があるだろう）．施設スタッフは「子どもと自分」という閉じた二者関係だけではなく，「子ども―自分―他のスタッフ」という三者関係に常に開かれている必要がある．この姿勢が，子どもへの「重層的アタッチメント」の提示と共有に結実していくだろう．

虐待を受けた子どもは，実際に寄る辺となる施設関係者以外の大人が少ないために，この「重層的アタッチメント」は，どうしても限定的にならざるを得ない．児童虐待がそもそも孤立した家庭で起こりやすいことを踏まえれば，子どもたちの自立にあたって「自分を恃む」だけでなく，実際に「困ったときに頼ることができる」相手を見つけていく力を育んでいくことは大きな支援目標になるはずだ．しかし，児童養護施設退所者（偏った印象を排除するために，「施設経験者」という呼称が最近用いられている）へのアンケート調査では，施設退所後に「孤立感」が強まったり，「困ったときに施設に気軽に相談できない」ことが指摘されている．施設の新しい支援モデルとして，どんなことが考えられるだろうか．

青年期や成年期のアタッチメント研究で指摘されているように，アタッチメントは可塑的であり，ライフイベントや対人関係の変化によって少なからず影響を受け変化する．この変化を最小限にするものが，ソーシャル・サポート（ソーシャル・ネットワーク）であると考えられる．

カーン（Kahn）ら[38]は，ソーシャル・サポートがストレスの緩衝作用を持つとし，個人の精神的健康を規定するネットワークをコンボイ（convoy；護衛隊）と呼んだ．コンボイは，Bowlbyの愛着理論を基盤としながら，それを生涯にわ

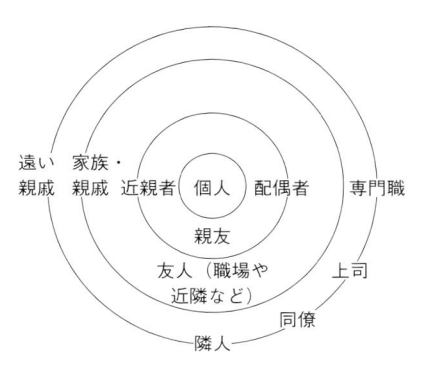

図 4.2 コンボイのモデル[38]

たる社会的相互作用に拡大したものである．個人を中心としたソーシャル・サポートとしてのコンボイは，静的なものではなく，人生の中で変化し更新されていく動的な概念である（図 4.2）．

施設スタッフは，子どもの人生を見据え，ソーシャル・サポートを受けやすい関係を維持できるような支援をするべきではないか．施設を出た後，何か困ったことがあれば自分から連絡をしてくる子どもたちだけではない．むしろ，自分から連絡してくる子どもは，全体的に見ればうまくいっている子どもたちであろう．施設退所後に施設と連絡を取っている子どもは適応がよい，という報告がそれを物語っている．

ある子どもが退所時に「これからは先生に頼っちゃいけないと思う．だって先生は他人だから」と口にしたが，それは「役割」を踏まえてのことだろう．コンボイ・モデルはお互いの親密さだけでなく，「役割理論」を構成要素にしている．通常，この役割の移行時には親しい家族が安定的なサポートを提供する．しかし，施設入所児は，長期間安定してサポートを受けられる人的資源を持っていない場合がほとんどである．そのため施設退所後，孤立感や抑うつ感に苦しみ，社会的不適応に至ることが少なくない．退所後も相談に来やすい（顔を見せやすい）機会を作ったり，退所後の居場所に退所前から徐々に移行していく支援をするなどの工夫が求められる．虐待を受けた子どもたちの支援では，生涯を通して情緒が抱えられる場に彼らがどうつながっていくかが重要な課題となる．そのために，施設スタッフもまた施設の内外に対する自身のつながりを問われていると言うことができるだろう．

［村松　健司］

文　　献

1) 村松健司：入所施設における虐待を受けた子どもの遊戯療法．こころの科学 **166**：109-112，2012．
2) 保坂　亨，四方燿子：まとめ：転換期としての1970年代．In：保坂　亨編著：日本の子ども虐待．福村出版：2007．
3) 髙田　治，谷村雅子，平田美音他：情緒障害児短期治療施設における治療効果に関する調査研究．心理治療と治療教育 **23**：77-90，2012．
4) 黒田邦夫：施設生活水準と制度問題．In：木下茂幸監修，浅井春夫編著：児童養護施設の変革．朱鷺書房：1997．
5) 慎　泰俊：働きながら，社会を変える．ビジネスパーソン「子どもの貧困」に挑む．英治出版：2011．
6) Stamm BH (ed.)：Secondary Traumatic Stress：Self-Care Issues for Clinicians, Researchers, and Educators. The Sidran Press：1999（小西聖子，金田ユリ子訳：二次的外傷性ストレス―臨床家，研究者，教育者のためのセルフケアの問題．誠信書房：2003）．
7) 岡本眞幸：児童養護施設職員の職場定着に関わる施設の労働体制上の問題点―施設最低基準等の政策レベルの問題と個々の施設レベルの問題に着目して．横浜女子短期大学紀要 **15**：1-12，2000．
8) 村松健司：児童養護施設における心理面接の状況と課題．子どもの虐待とネグレクト **15**：328-335，2013．
9) 井出智博：児童養護施設・乳児院における心理職の活用に関するアンケート調査集計結果報告書．平成21年度科学研究費補助金（21730482）：2010．
10) 岡野憲一郎：新外傷性精神障害―トラウマ理論を越えて．岩崎学術出版社：2009．
11) 保坂　亨：『行方不明』の子どもたち．子どもの虹情報研修センター紀要：2013．
12) 小林　登：児童虐待実態調査．子どもの虐待とネグレクト **4**：276-302，2002．
13) Bowlby J：A Secure Base：Parent-Child Attachment and Healthy Human Development. New York. Basic Books：1988．
14) 西澤　哲：子どもの虐待―子どもと家族への治療的アプローチ．誠信書房：1994．
15) 杉山登志郎：子ども虐待という第四の発達障害．学習研究社：2007．
16) van der Kolk BA, McFarlane AC, van der Hart O：外傷後ストレス障害の治療．In：西澤　哲訳：トラウマティック・ストレス―PTSDおよびトラウマ反応の臨床と研究のすべて．誠信書房：2001．
17) Kendall-Tackett KA, Williams LM, Finkelhor D：Impact of sexual abuse on children：A review and synthesis of recent empirical studies. *Psychological Bulletin* **113**：164-180, 1993．
18) 友田明美：いやされない傷　児童虐待と傷ついていく脳．診断と治療社：2006．
19) 岡野憲一郎：脳科学と心の臨床　心理療法家・カウンセラーのために．岩崎学術出版社：2004．
20) 伊東ゆたか：被虐待児の脳障害―脳波異常を中心に―．小児科 **44**：392-400，2003．
21) 米澤篤代：虐待体験の有無による小学校における児童の行動および情緒の違い．子どもの虐待とネグレクト **15**：207-217，2013．
22) 東京都社会福祉協議会児童部会：「入所児童の学校等で起こす問題行動について」調査．紀要平成16年度版：24-36，2004．

23) 神奈川県社会福祉協議会施設部会児童福祉施設協議会発達障がい児についての調査研究委員会：かながわの児童福祉施設で生活する発達障がいを疑われる子どもたちへの調査：7-11, 2010.
24) 髙田　治，村松健司，井上　真：被虐待児の学習援助に関する研究―被虐待児の学習支援に関する探索的研究―．子どもの虹情報研修センター平成16年度研究報告書：2004.
25) 保坂　亨，村松健司他：被虐待児の援助に関わる学校と児童養護施設の連携（第2報）．子どもの虹情報研修センター平成22年度研究報告書：2011.
26) 長尾真理子：被虐待児に対する学習支援についての事例研究―援助関係形成プロセスに焦点を当てて．人間性心理学研究 **28**：77-89, 2010.
27) 保坂　亨，村松健司他：被虐待児の援助に関わる学校と児童養護施設の連携．子どもの虹情報研修センター平成21年度研究報告書：2010.
28) 保坂　亨，村松健司他：被虐待児の援助に関わる学校と児童養護施設の連携（第3報）．子どもの虹情報研修センター平成23年度研究報告書：2012.
29) 保坂　亨，村松健司他：被虐待児の援助に関わる学校と児童養護施設の連携（第4報）．子どもの虹情報研修センター平成24年度研究報告書：2013.
30) Cohen JA, Mannarino AP, Deblinger E：Treating Trauma and Traumatic Grief in Children and Adolescents. New York. Guilford Press：2006.
31) Schauer M, Neuner F, Elbert T：Narrative Exposure Therapy. Washington. Hogrefe & Huber Publishers：2005.
32) 樋口亜瑞佐：プレイセラピーにおける言葉のメタファの観点からの一考察―児童養護施設の被虐待児の事例から．心理臨床学研究 **26**：129-139, 2008.
33) Bowlby J：Attachment and Loss：Vol. 1. Attachment. New York. Basic Books：1966 (Revised edition, 1982).
34) 林もも子：恩春期とアタッチメント．みすず書房：2010.
35) Stern DN：The Interpersonal World of the Infant：A View from Psychoanalysis and Developmental Psychology. New York. Basic Books：1985（小此木啓吾，丸田俊彦監訳：乳児の対人世界　理論編．岩崎学術出版社：1989）．
36) 遠藤利彦：情動は人間関係の発達にどうかかわるのか―オーガナイザーとしての情動，そして情動的知性．In：須田　治編：情動的な人間関係の問題への対応．金子書房：3-33, 2009.
37) 青木紀久代：家族のなかでの愛着ときずな．そだちの科学 **7**：43-48：2006.
38) Kahn RL, Antonucci TC：Convoys Over the Life Course：Attachment, Roles, and Social Support. In：Baltes PB, Brim OG（eds.）：Life-span Development and Behaviour 3. New York. Academic Press：253-286, 1980.
39) 厚生労働省：社会的養護の現状について（参考資料）：2013.
http://www.mhlw.go.jp/bunya/kodomo/syakaiteki_yougo/dl/yougo_genjou_01.pdf
（2013年11月15日取得）

5 大震災が子どもに与えた影響

　東日本大震災（以下，「震災」とする）が子どもに与えた心理的影響は大きい．揺れるはずのないものが一斉に揺れ，壊れるはずのないものが一瞬で壊れ，止まるはずのないものが止まり，消えるはずのないものが消えるという体験は，原因と結果が理解できる大人であっても恐ろしく，すぐに現実を受け止めることは難しい．本震以後も大きな余震が幾度も発生し，津波も襲い，一度もうろたえなかった大人は果たしていたのであろうか．大人たちが恐怖に表情を強張らせ泣き叫び，打ちひしがれ，立ちすくみ，うろたえている様子は，間違いなく子どもたちをさらなる恐怖に陥らせたであろう．さらに茫然自失となっていた大人たちは，衣食住の確保のため奔走しなければならず，生きるため，これまで自らの中にあった『日常』を捨て去り，目の前で起きている『非日常』を『新しい日常』として受け入れるしかないという極度のエネルギーを要する心の作業を強いられた．そして，当面の目処が立ってふと現状を再認識する時間ができると，やり場のない怒りや深い悲しみに襲われ，さらには大切なものを失った喪失感や，緊急対応が適切でなかったことに対する自責の念や無力感，今後の生活への不安感や虚無感，抑うつ感などに苦しめられた．また，このような事態は家族がもともと抱えていた問題をより複雑化し，潜在していたものを表面化させることもあり，このような家族の危機は，すべての安定した基盤や基礎が揺らいでしまった子どもたちをさらに不安定にさせることとなった．そして，長期間続いた大人たちのこうした姿は，子どもたちにとって非常に大きな【第2の揺らぎ】となり自己を脅かしたに違いない．この意味においても，大震災が子どもたちの心に与えた影響は計りしれない．

　筆者は宮城県内の児童館と保育所にて，心理支援活動を震災直後より継続して行っている．本章では，はじめにその中で明らかとなった，震災後の子どもに

生じた変化や震災による心理的影響について述べる．次に支援活動の一環として行った遊戯療法の事例を提示し，最後に，震災を体験した子どもたちに対する遊戯療法の意義について述べることとしたい．

5.1 大震災が子どもに与えた心理的影響

a. 震災後の子どもの変化

　筆者が関わった7か所の児童館や保育所からは，子どもたちの感情や行動の変化，そして遊びの変化が報告された．感情や行動面の変化としては，イライラ，落ち着きのなさ，けんかの増加，すぐ泣く，食欲不振，トイレに1人で行けない，電気をつけないと眠れない，母子分離不安，怖い夢を見る，物音に敏感，以前よりも良い子になって手伝いばかりする，テンションが高い，震災を体験していないかのように振舞う，津波映像ばかり見たがる，などがあった．現在でも，法事でパニックを起こす，避難訓練中に明らかに不安定となる，台風の際に泣きだす子どもたちがいる．個別の例としては，虫の死をきっかけに当時1歳だった子が死への恐怖や震災の話をするようになる，髪の毛が抜ける，真っ黒に塗られた家や津波の絵を描く，集団で道路を真っ赤に塗り潰すなどがあった．遊びの変化としては，『戦いごっこ（激しすぎて危険を感じるほど）』『地震ごっこ（狭い空間に閉じこもり，周囲に積み木ブロックを積み上げる，わざと不安定な場所に登って揺らす）』『津波ごっこ（青いビニールシートを持って走り回る，両手を広げてヒラヒラさせながら人の間を縫うように走り回る）』『緊急地震速報ごっこ（携帯電話から流れる速報の音を真似た後，アナウンサーの慌てた様子を真似する）』などが流行り，誰かが始めると皆が集まり，同様に遊ぶ様子が頻繁に見られた．現在も上記のような変化を抱えたまま過ごしている子どもたちも少なくない．それは，たとえ津波被害を受けていなくとも，たとえば半年近く給食がパンと牛乳だけであったり，いまだに電柱が傾き，道路の亀裂はそのままであったり，家の壁に亀裂が入ったままであったり，何より余震が続いていることなど，子どもたちにとって日常性を取り戻すことはなかなか難しいからであろう．阪神淡路大震災後の調査研究では，子どものPTSD症状や被災による心理的問題が比較的長期にわたって遷延することが明らかになっている．遷延化する要因の1つには，もちろん個体側の問題も大きく影響するが，社会的支援，環境的支援が十分に行われているか否かも見過ごすことができないと言われている[1]．

b. 子どもたちの喪失体験

　ここで言う『喪失』とは，愛着のある大切なものを失うという意味である．大切なものとは具体的な形のあるものとは限らない．安全や安心の場といったイメージで語られる『家』が傾き，ヒビが入り，たくさんのものが倒れたり落ちたりなどすることによって，そのイメージが失われることも喪失の体験と言える．また，楽しみにしていた学校行事や旅行の計画がなくなったり，放射能の影響で，他県への避難のために友達や先生と別れの挨拶もできないままに関係が途切れてしまうといったことも喪失体験となり得る．家や職を失ったことで夫婦関係が変化し，これまでの家族イメージが崩れてしまった子どもたちもいる．このように考えると，多くの子どもたちが【大切なものを失う体験】をしているのだと言える．

　このような喪失体験や恐怖体験，明日への漠然とした不安，家族の問題など，子どもたちが密かに抱いているものを言語化することで解消していくことは難しい．森[2]は，「子どもはまだ知的理解や自覚する力に乏しいために，対象喪失を意識領域よりもはるかに無意識的領域で体験する．」と述べている．ある子どもが大きな余震の後，「自分以外の人間が皆一瞬で消えるんじゃないかっていう考えが頭から消えない．世界に自分1人だけになったら生きていけない」と泣きはじめたことがあった．原発事故により，他県への避難者が続出していた頃で，大きな余震が繰り返されるたびに周囲の人や物，予定，一家団欒までもが次々と『消えてなくなって』いくことを体験し続け，強烈な不安が押し寄せてきたのだろう．森[3]は，子どもにとってこうした体験は，事実として十分認識しているつもりでも，無意識の世界においてどの程度の空洞を生じさせることとなるかは計り難いとしたうえで，その修復には，外見上では計りしれないエネルギーを必要とすると指摘した．

c. 子どもたちの震災体験と「遊び」

　前述したように，震災後に流行っていた遊びは，『地震ごっこ』『津波ごっこ』『緊急地震速報ごっこ』であった．家庭や避難所などでこのような遊びをされると大人たちは不快な気分となったり，親は周囲の視線が気になり，制止することが多かった．それは子どもにとって，心に溜めこんでいる様々な感情を表現したり，つらい記憶と向き合うためのチャレンジを妨げられている状態と言えよう．子どもたちの心の回復を早めるためにはむしろ，深層にある喪失感や不安や怒りなど

を遊びの中で自由に表現させ見守ってあげること，安心して遊べる場を保障すること，子どもたちの心の動きに寄り添うことが重要である．

震災3か月後の児童館にて，女児3人がレゴブロックで遊ぶ姿が視界に入ってきた．豪邸に爬虫類などが何度も侵入を試みるが，バリアが設置されていて侵入できない．その中の1人が「海のすぐそばに建っているの．でも，津波が来ても絶対に大丈夫なお家」だと教えてくれた．しばらくしてから再び様子を見に行くと，状況は一変していた．もはや豪邸はなく，子どもたちは椅子の上に建物をのせて押し，ぐるぐると円を描きながら部屋中をひたすら走り回っていた．その迫力に圧倒されている筆者に対し，「津波が来てさっきの家は流された」という．部屋全体が海と化し，津波から逃げ回る子どもたちの姿を見て心が痛んだ．しかし，逃げ回る子が椅子の上の建物を指して「この避難所は移動できるから，津波が来ても大丈夫」と笑顔で言った瞬間，言葉を失うほどの衝撃を受けた．この子どもたちは自然発生的に遊びの中で恐怖体験と向き合い，子どもならではの発想力や想像力でもって解決策を生み出し，確実に乗り越えていこうとしているではないか．伊藤[4]は，人間が困難に直面したときに生じる感情について詳述し，「象徴化」機能の重要性を見出し，象徴化によってこそ他者とともに困難を生きることが可能になるのだと述べた．また，山中[5]は，「子どもは遊びや絵画の中に，ごく自然に自分の心像風景を投影します．これまで症状としてしか表面化していなかった心の中のわだかまりが，このようにイメージという形でその出口を見つけると，その表現の中に，それまでは内にこもっていた感情や情緒が発散していきます．さらに，イメージはイメージを呼び，そこに全く新しいつながりが生じ，これまでには見られなかった心の中での統合（まとまり）が可能となって，心の問題が解消していくこととなる」と述べ，困難を生きる手立てとして子どもの遊びをとらえる重要性を指摘した．この重要性に着目した心理療法が遊戯療法である．弘中[6]によれば，遊戯療法は「遊びの治療的な機能がもたらす様々な可能性を豊富に備えた治療法」であるという．よって次節では，被災児童との遊戯療法経過を報告し，子どもたちの回復過程について検討していきたい．

5.2 遊戯療法事例

ここで報告する事例は，津波被害のあった地域に隣接する児童館にて行ったものである．場や対象人数，支援者数などの特性上，集団遊戯療法（子どもと治療

者とのペアが数組同時に行うが，治療者は基本的に担当児としか遊ばないという1対1の関係性を大事にしている)で関わり，時間は1回につき50分．プライバシー保護のため，家族構成などの詳細な情報の記載は省略している．「 」はクライエントの発言，〈 〉は筆者の発言．事例①は震災より6か月後から，事例②は2年以上経過してから遊戯療法を開始している．

a. 事例①

クライエント　　Aちゃん　小学校低学年　女子

被災体験と震災後の様子　　津波で家を流され，多くのモノを失う．1人でトイレやお風呂に入れなくなる．転入当初，身体の痛みを頻繁に訴え，大切にしていたピアノが泥だらけになって壊れたことや津波体験の話ばかりしていた．友人関係も安定せず，友達の服装の真似をすることが多く，『Aちゃんらしさ』を出せずにいた．

心理治療経過　　第1回では，かなり緊張している表情で色とりどりのスカーフを無言で触っているうちにリラックスしていく．スカーフが入っていた箱の丸い取り出し口にスカーフで花束を作り上げた後，お城の形のテントに2人で入る．Aちゃんが作り出す雰囲気を壊さないよう筆者も黙っており，さらにゆったりとした空間が広がる．描画では，花を育てるために必要な道具を思い出しながら『お花畑（ほとんどはまだ芽の状態）と道具』を描く（図5.1）．第2回では，レゴブロックを用いて高層マンション建設を試みるが，不安定な形のため，何度も

図 5.1 『お花畑と道具』

何度も音を立てて倒れる．必死に工夫し，マンションの両脇に『支え』を取りつけ完成．次に海が見えるようにと高層階にバルコニーの増設を試みるが，再びバランスを崩して倒壊．何度も失敗を重ね，最終的に全く同じ高さのマンションを建設し，2つのマンションをつなぎ「津波が来ても大丈夫」と，ようやく頑丈なマンションを完成させた．レゴブロックの人形を用いて，物件を見にきたお客さん（筆者）と管理人のおばあさん（Aちゃん）の物語が始まる．管理人がマンションや街を案内し，住民を紹介し，ペットショップにも連れていってくれる．管理人に勧められペットを選んでいると，そこへ突然，他の治療者と遊んでいた女の子が人形を使ってAちゃんの人形に話しかけ，強引に『物語』の中に侵入する．自らの物語に没頭していたAちゃんの表情が一変し，これまで苦労をしてやっとの思いで築き上げてきた空間の心地良さが一瞬にして消え去る感覚に陥った．筆者がそのまま見守り続ける中，Aちゃんは人形を用いて，女の子の人形に向かってこの場から立ち去ってほしい気持ちを伝えると女の子が去り，Aちゃんは自分の力で築き上げた空間をしっかりと守り抜くことができた．その後，積極的に物語を展開させていく姿が見られた．第3回の描画では次々とイメージが浮かび，何かが溢れてくるかのように大胆に表現していく．躊躇なく折り紙も使って描いていく．花，草むら，木，動物，太陽の順．太陽の光の部分だけ筆者がAちゃんに頼まれ完成させる．それぞれの動物が挨拶をし，音符を描いた後，ヘッドホンで音楽を聴いている動物や，ラジカセ，最後にピアノを描き，それを弾いているウサギのお母さんの姿も描く（図5.2）．『どうぶつもりの音楽会』とタイトル

図 5.2 『どうぶつもりの音楽会』
［カラー口絵1参照］

をつけ，満足そうにしていた．
《児童館より》　落ち着いている．1人でトイレやお風呂に入れるようになった．
　第4回では，ドールハウスで家具を並べることに戸惑う．犬だけ家の中に配置し，残りの人形は家の外へ．「あ，やっぱり…」と，「可愛い人」と名づけた女性のみリビングへ．その女性は手際良くお昼を作って食べ，ソファに横になったかと思ったらすぐ起きて動きだす．その一連の動きがスピーディーで豪快であり，Aちゃんから見た母の忙しさに追われた姿なのではないかと想像された．第5回では，前回同様粘土でパン作りをした後，「他ので遊ぼうかなぁ」と恥ずかしそうにキッチンを使って筆者にごちそうを作ってくれる．〈一緒に食べない？〉と声をかけると，照れながらそばに寄り，表情豊かにおいしそうに食べる．最後に1本残ったポテトも『はんぶんこ』をする真似をして分けてくれた．第6回では，背が伸び，印象が少し変わっている．驚きや喜びなど，率直に感情表現するようになっている．ドールハウスでは最初に駅を作り，電車に家族（両親と娘）をのせ動物園へ．すぐに動物園を後にし，家の近くの駅に着いてから家具を設置していなかったことに気づき，笑う．家事をしながら母親がテレビを見れるようにと，テレビの設置と母親の部屋決めに時間を費やす．父母と女の子の1人3役をこなし，慌ただしく動かし，母親の大変さを表現したかと思ったら，さっさと家具を片付けはじめる．そのとき，偶然にも女の子の足がトイレから抜けなくなるという事態が発生．母親を呼ぶが，現れず，「こういうときに限っていないんだから…」とAちゃん．〈こういうとき，お母さんに助けてほしいんだね．〉「うん，でも助けてくれないけど」と苦笑いをして立ち上がり，ボールを遠慮がちに筆者に向かって投げる．何かそこにぶつけたい想いを感じ，少し力を入れて床に打ちつけて返す．すると同じような力で投げ返してくる．〈もっと強くても大丈夫だよ〉と声をかけると少しずつ強く投げ返し，表情が次第に生き生きとしていった．
《児童館より》　新しく習い事を始め充実している様子．
　第7回からお友達の服装を真似ることなく，自分の好きなスタイルを選べるようになっている．粘土でケーキ作りをしながら母が誕生日などに作ってくれるケーキにまつわるエピソードが語られる．「去年は作れてないけど…」とも付け加えられた．筆者はいつもパンを入れるための『器』を作る係のため，今回も作ると，「うわー，すごーい！」と喜ぶ．ケーキが完成し，食べさせてくれる．
《児童館より》　津波の話もしなくなり，友人関係も広がっている．震災後の不

図 5.3 粘土で作った自然の景色

安な様子や『良い子』さがなくなってきて，『自分』が出せている様子．

　第8回〜第10回では，毎回粘土遊び．積極的に筆者との会話を楽しみながら，お弁当を作ったり，画用紙に粘土をはりつける方法で笑顔の太陽や草花など自然の景色を描く（図5.3）．積み木を積み上げていくゲームでは，「くっそ〜，腹立つ〜！」と笑って床上でジタバタしてみたりと，全身を使って感情を表現する．第10回に，次回で最後になることを伝える．とたんに落ち着きがなく，目も合わせなくなる．筆者の話に頷きながらも色とりどりのスカーフを無言でいじりはじめ，話が終わるころには，スカーフが入っている箱の取り出し口に色とりどりの『花束』ができあがっていた．第11回では，粘土で再びお弁当を作り，最後にお弁当箱に自分の名前をしっかりと書き，完成したものを眺めて満足そうにしていた．退室しようと歩きだしたところにボールが転がっており，筆者に向かって床にバウンドさせて投げてくる．筆者が〈1…〉と言って返すと，Aちゃんが「2…」と返し，返してくるたびにバウンドが強くなり，最後はお互いに〈「10！」〉と打合せはしていなかったが，自然に終了となる．

《児童館より》　　落ち着いて生活しており，いい意味で強くなったとのこと．

考察　震災によって【失われた】大切なモノをAちゃんは遊びを通して少しずつ表現し，その1つ1つに命を吹き込み，心の中にしっかりと【再生】させていく過程が繰り返されていった．初回では，表情も乏しく抑制的で，ほとんど言葉を発することはなかったが，場面ごとにAちゃんが『ゆるんでいく』様子が見られた．描かれた『お花畑と道具』の絵は，ほとんどがまだ芽がでたばかりの状態であり，これから右側に描かれた様々な道具や太陽の光といった自然の恵みの力を借りながら，確実に花を咲かせていくに違いないと確信できるものであっ

た．控えめではありながらも花を咲かせようとする【再生】への希望のようなものを感じ取ることができた．第2回には，何があっても倒れない『家』を工夫を重ねながら建設し，街を作り，震災前のAちゃんにとっての『当たり前の風景』を再現させたのであろう．ここから一気に色々なものが『動き』だし，新生活が始まっていく様子を展開させていった．不安定さと緊張感が張り詰める瞬間が何度もあったが，最終的には震災体験を乗り越えようとする強い意志と，新生活に向けての意気込みや希望に満ちた雰囲気で終わっている．途中，他児が突然『物語』に入りこむという，まるで津波のような『侵入するもの』に立ち向かった体験は，Aちゃんにとって大変意味のあるものとなったに違いない．第3回では，音符が描かれたところからメロディーが流れ，動物たちが音楽によって命を与えられ，ついに津波で破壊された大切なピアノも蘇った．『ウサギのお母さん』が描かれており，このころより母子関係のテーマが遊びの中に出現するようになっていった．第4～7回では，ドールハウスの女性の忙しく動き，家族と関わっていない様子や，Aちゃんが治療者とともに食事を楽しむ際のゆったり感や甘えた様子，母に『助けてほしいときに助けてもらえない』気持ちを表現したことから，【失われたモノ】の1つとしての『母親とのゆったりとした時間』を強く求めていることが理解された．第6回のドールハウス遊びでは，家の近くから電車が走るようになり，【家】と【外の世界】が震災前のようにつながりを持てるようになったり，家具の設置を忘れるほど家族で『楽しむ』ことが優先されるようになったりと，家族の『日常』が取り戻されつつあることが想像された．その後の朝食場面が，まさにその『日常』をよく表していた．もともとAちゃんは，家族全員の面倒やさらに仕事までこなしている母親の大変さを理解し，気遣う気持ちも強い．しかし一方で，震災を機にますます忙しくならざるを得なかった母親に対する寂しさや不満もあったに違いない．それを様々な遊びを通して象徴的に吐き出している．震災後，感情を抑制せざるを得なかったAちゃんにとって，遊びの中で溜め込んでいた感情を表出させることができたことは，『Aちゃんらしさ』を取り戻す大きな一歩となったに違いない．第7回以降からは，まるでAちゃんの心の蓋が開いたかのように，ケーキにまつわる母親と家族の心温まるエピソードが語られ，よくしゃべり，感情表現も豊かになり，のびのびと自然体で遊ぶようになっている．第9回の笑顔の太陽とお花の粘土を用いた絵は，これまでの絵より温かく力強い生命力を感じさせるものであり，『震災支援』として始め

られたAちゃんとの遊戯療法は終結に近いと確信した．第10回で，次回で終了となることを伝えた際，明らかに聞きたくないといった態度で落ち着かなくなったが，何度も頷く様子から，Aちゃんなりに受け止めようとしてくれていたと思われる．話が終わると，色とりどりのスカーフで作られた花束が完成しており，筆者は初回にAちゃんが無言で作り上げた【花束】を思い出し胸が熱くなった．最終回ではいつもどおり遊び，カウント10までのキャッチボールという卒業の儀式のような遊びを経て，終了となった．Aちゃんは遊びを通して壮絶な震災体験と向き合い，確実に日常性を取り戻していった．その背景には，Aちゃんの母親が様々な思いを抱えながらも立ち止まることなく前へ前へと進んでいこうとする日々の姿勢があり，それもまた，Aちゃんが震災体験を乗り越えていく原動力になったことは間違いないだろう．

b. 事例②

クライエント　　　Bちゃん　小学校低学年　女子

被災体験と震災後の様子　　震災当日，父親と外出先にて被災．津波に襲われ，惨状を目の当たりにしている．避難先で震災体験を聞かれ話したことで二次受傷し，爪噛み，集中力低下が見られるようになった．集団場面では，いつも心ここにあらずで，他児と交われていない様子．

心理治療経過　　第1回では，他の子どもとその治療者ペアの動きばかり見ている．音や動きに反応し，意識をそこに向けざるを得ないだけで，情緒が伴っている様子はない．遊びはじめてすぐ「やっぱりやめる」と，自ら遊びを『続かせない』ようにすることが多い．ドールハウスでは家具は配置するが，閑散としている．食卓周りに椅子やソファを配置するときだけ，エネルギーを注いでいるように感じられた．母親が1人だけ座ってテレビを見ており，その後ろ姿を離れたところに座って女の子が寂しそうに見ている（図5.4）．物語がそれ以上展開されることもなく，家の中には空虚感だけが漂っていた．その後，画用紙をハサミで適当に『切る』，粘土も形にこだわらず次々に『切る』ことをひたすら続けた．まるで心をどこかに置き忘れてきたかのようで，筆者に対しても意識を向ける様子は見られなかった．第2回でも，常に他児の遊ぶ様子を見続けている．Bちゃんが筆者にもボールを渡し2つのボールを同時に投げ合う．投げたボール同士が偶然ぶつかってクスッと笑う．そこから急に積極的に動きはじめる．木製の動物たち

を次々と水色のマット（海として使用）の上で倒していく．次にグリーンのマット（陸として使用）上の頑丈な囲いの中に，子犬や子猫たちを並べ，最後に強そうなトラを置いて「この子たちを守ってる」とつぶやく．ドールハウスではほとんど家具を置かず，玄関前に，まるで玄関の扉が開かないよう両手を広げた人形を立たせる．家の中では母親が1人でお風呂に浸かっており，父親は不安定な屋根の上に立っている（図5.5）．粘土でお団子をいくつも作り，すべて同じ形に次々と切っていく．第3回では，入室してすぐボールを手にして筆者に向かって投げる．真剣な表情で様々な投げ方をし，Bちゃんが投げるたびに筆者との距離を縮めてくる．ドールハウスでは家具の設置が終わると，最初に小さな女の子をトイレに座らせ，次に母親を座らせる．玄関チャイムを押すと実際に音が鳴るため楽しくて何度も押す．そのたびに筆者が家の中から母親人形を用いて何度もドアを開ける．あるとき，ドアを開けると大きなワニがいて母が驚いて逃げ回ると，Bちゃんは様々な方法で母親を執拗に追いかけ恐怖に陥らせる．その間，ケラケラと笑っている．初めて家の中に父親と母親，女の子を置く．最初のうちは家族同士は交わることなく行動していたが，知人家族の訪問により，女の子を囲むようにして皆で食事をとる場面が展開された．ソファには父母が並んで座り，数匹の犬たちも居て賑やかであった（図5.6）．その後，家族旅行などの遊びが展開され，再びチャイム遊び．Bちゃんは玄関前に恐ろしい動物たちを待機させ，筆者

図5.4　　　　　　　　図5.5　　　　　　　　図5.6
［カラー口絵2参照］

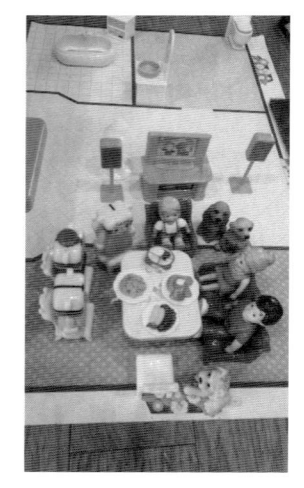

に指示して父親にドアを開けさせ，母親同様に父親も驚かし笑っていた．再度女の子をトイレに座らせて終了．粘土遊びでは，粘土を切らずに長く伸ばし続け，それらを螺旋状に巻くことでソフトクリームを2つ完成させ満足した表情が見られた．

考察　本事例は3回以降も継続しているが，3回分のみを報告した．第1回では，他児を見ている様子や遊んでいるときの態度から，Bちゃんの心が停滞しているかのような印象を受けた．経験したことのないショック体験により，心がこれ以上傷つかないよう，無意識のうちに感情を抑制させていたのではないだろうか．震災直後は多くの子どもたちにこのような症状が見られ，たいていは時間の経過とともに回復するが，Bちゃんは依然として震災の影響を強く受けている可能性が高いと感じられた．また，筆者に対する態度や，紙や粘土を切っていく様子，普段の児童館での様子から，『場』や『人』との『つながり』を『切って』しまいやすいBちゃんが想像された．筆者はこの『切る』行為からBちゃんのうまくつなげられない寂しさや苛立ちを感じたが，一方で『再生』のイメージも浮かんでいた．『切る』行為は，ただ単に関係を断つことや破壊をイメージさせるだけではなく，『切る』ことによってまた新しくつなぎ直されたり，新しい何かが創造される可能性をも秘めている行為ではないだろうか．赤ちゃん誕生のためには，最終的にお母さんとつながれているへその緒を切らなければならない．ある意味『切る』ことで『誕生する』のである．河合[7]が「人間は自立するためには『つなぐ』ことと『切る』ことの両方を身につけなければならない」と述べており，Bちゃんの課題もまさに『つなぐ』ことにあったと言えるだろう．この回のドールハウスでは，おそらくBちゃん自身であろう女の子が家の隅から母親の背中を眺めている様子や，閑散とした家の中，無言で人形を動かすBちゃんに漂う空虚感などから，Bちゃんが内的に体験している家族同士の『つながり』の薄い状況が表現されたものと感じられた．第2回では，お互いに投げたボールが偶然にぶつかり，その瞬間からBちゃんと筆者の関係性に変化が見られるようになる．遊戯療法では，こういった偶然性が大きな変化へとつながっていくことがある．Bちゃんが笑った際，筆者はようやく『つながり』を持つことを許された感覚を抱いた．その後Bちゃんが積極的に動きはじめ，自由に内的世界を表現しはじめたことからも感じ取ることができる．この回のドールハウスで母親がお風呂に入り，父親が屋根の上に登っているという（まるで津波から逃れるかのよう

な）姿から，父親やＢちゃんに共通する震災体験と，母親の震災体験の違いによって，なかなか『つながれない』家族の苦悩が想像された．これはＢちゃんの家族だけではなく，被災者全般に共通する問題であり，人それぞれに受けた心の傷やそれぞれの震災体験を理解し共有することの難しさや寂しさなどが，ここでみごとに表現されている．Ｂちゃんはこの状況を表現する直前に，海に投げ出される動物たちの姿を筆者に見せている．筆者はこのとき，様々なものが津波に飲み込まれていく様子を見ていたＢちゃんの体験は一体どれほど壮絶だったのだろうかとの思いに駆られながらその様子を見ていた．しかしその後，誰かの助けなしでは生きられない子犬や子猫を頑丈な囲いの中に入れ，彼らを守るトラまで置き，「守ってる」とはっきりと言語化したことから，震災体験を乗り越え，安心して生きられるための安全な『器』と『守り』がＢちゃんの心の中に生まれたことに良い兆しを感じ，安堵した．伊藤[8]は，遊戯療法において子どもの心がしっかりと受け止められ，「その場が『心の器』となったとき，彼らは生死に関わる原初的な次元の困難と対峙する遊びを自ら生み出していく」としている．まさにＢちゃんはここから，震災が家族に与えた困難と向き合うべく，自分の内的世界を『語り』はじめたのである．そのことは，第３回のドールハウスで物語がスタートしてすぐに女の子と母親が順にトイレで用を足し，遊びが終わる直前にも女の子をトイレに座らせていることからも理解できる．ここでのトイレで用を足すという動きの中には，【（心に）溜め込んでいたものを吐き出す】という象徴的意味合いも含まれているからである．また，終了間際のトイレは，吐き出せてすっきりしたＢちゃんの心情や，この場であれば安心して想いを表出できることを意味しているように思われた．

　チャイムが鳴ってドアを開ける母親にとって，ワニに遭遇した瞬間というのは，おそらく想像を絶するような非日常の恐怖体験そのものであったに違いない．上の階へ逃げても逃げても追ってくるという，まさに津波から逃れようとする母親の姿がそこにあった．ここでの母親は，自分や父親と同じ恐怖体験をまさに今ここで体験しており，同じ体験を共有している母親の姿をその目で確認できたことに重要な意味があり，Ｂちゃんの内的世界に大きな変化をもたらすことにつながったのであろう．その後，家族が同じ空間を共有し，語り合っている場面を展開させていることからも心的変化を感じ取ることができる．最後に今度は父親を驚かし，母親同様の恐怖体験を父親にもさせている．遊びを通して父母に同様の

恐怖体験を味わわせ，その様子を自身の目で確認したことで，親子や夫婦の【つながり】をBちゃんの心の中に内在化させることができたように思う．児童館からも，友達の輪の中にいる際の様子が変わってきており，友達とのつながりを持ち，楽しめている表情が見られるようになったと報告があった．

5.3 被災地における遊戯療法の意義
―子どもたちの『語り』に寄り添うこと―

　いかなるときも子どもは必ず遊びはじめる．遊び道具がなくとも，十分な広さの遊び場がなくとも，遊ぶ相手がいなくとも，沈黙を守らなければならない状況下にいても，ほんの少しの空間と時間さえあれば遊べるのである．まさに子どもにとって『遊び』とは【生きること】を意味している．被災した子どもたちがそうしていたように，『遊び』は，ときには悲惨な状況の中で生き抜くための方法を見出してその擬似体験をしたり，失ったものを心の中に再生し，苦難を【乗り越える】ためのチャンスを与え，そして心の成長までも促進できる可能性を含んでいる．よって，子どもたちが安心して自分の抱えている問題と向き合える【守られた場】の中で，自由に表現されるそれぞれの内的世界の【語り】に寄り添う治療者がいる『遊戯療法』の場こそが，【無限の可能性を秘めた空間】であると言えよう．

　筆者は，震災支援としての遊戯療法の中で，子どもたちの震災によって抱えざるを得なかった苦悩の言葉なき『語り』に寄り添うことを心がけた．河合[9]が，遊戯療法とは，遊びを通して対話が行われているとし，対話を成立させるためには子どもが遊びによって何を語りかけようとしているのかを悟らねばならないと指摘したように，子どもたちの内的世界に寄り添い，その世界で今何が起きているのか，子どもたちの心の動きを常に想像しながら遊びを通して対話し続けることで，自ずと子どもたちは自身の力で困難を乗り越えていくのである．

　事例①のAちゃんは，津波で失ったピアノを『再生』させたことをきっかけに，仕事で忙しい母親への気遣いや遠慮から抑圧していた甘えの気持ち（ゆったりとした時間をともに過ごしたいという感情）を象徴的に表現するようになっていく．そして彼女はみごとに津波によって失われたものを『再生』しただけでなく，母親や家族との関係性をもとらえなおし，自分らしさを取り戻していったのである．

　事例②のBちゃんは，『つながり』が持ちにくい様子であったが，お互いの投

げたボールが偶然に当たったことがきっかけとなり変化が訪れる．治療者とのつながりを得たBちゃんは，不安と対峙しながらも母親との被災体験の相違がつながりの持ちにくさにつながっていることを遊びの中で明らかにしていく．その苦しい遊びを通して，同じ体験を共有した家族を心的に内在化させ，Bちゃんは家族を安心してつながれる存在として認識していくようになったのである．

河合[10]は「遊戯療法の場面においては，子供の遊びのなかに子供の内的世界の生き生きとした表現を見出すことができる．そして，子供の行動を単なる遊びとしてみずに，それを心像（イメージ）の表現とみることによって，治療者はその背後にある可能性にまでふれ，それを引き出してゆくことができるのである．このような見方をし，心像の世界に対して開かれた態度で治療者が子供に接してゆくとき，子供の遊びはだんだんと意義深いものとなり，その過程のなかに一貫したテーマを見出すこともできる（省略）このような点を治療者が理解すると，治療における大きい方向づけと，安定感を与えられることになるのである．」と述べ，遊戯療法の大きな可能性について触れた．震災体験は違えども，それぞれの子どもたちの受けた心の傷の深さや失ったものは小さくはなかった．しかし，遊戯療法という『場』や『治療者との関係性』を通して，子どもたち自身の力で失ったものを象徴的に『再生』し，自分らしさを獲得していくことができるということもまた明らかとなった．筆者の心理支援活動はまだ道半ばである．これからも遊戯療法の大いなる可能性を信じて，息の長い活動を続けていこうと思う．

おわりに

筆者とともに心理支援活動をしている日本遊戯療法学会会員であるメンバーが筆者含め県内3名，県外に7名いる．紙面の都合上お名前を記載することはできないが，7名の継続的なご支援とご尽力は筆者ら被災地にいる者にとって，どれほど有り難く心強いか，言葉に尽くせないほどである．

東日本大震災後，全国から多くの支援者が被災地を訪れたが，あまりにも被害が大きく広範囲なこともあり，場の確保が難しかったり，支援者側と受け入れ先の温度差などにより，継続的な支援へと結びつきにくかったようである．筆者らが現在もなお継続して支援活動をさせて頂けているのは，児童館や保育所の職員の方々が，場の確保や「遊び」の重要性への深い理解を示して下さっていること，さらに支援者が子どもたちを継続的に寄り添える環境を提供し続けてくださって

いるからである．各施設の職員の方々にもこの場をお借りして心から感謝を申し上げます．どんな災害ももう二度と起きてほしくはないが，いざというときに影響を受けやすい子どもたちを早急に支援できるよう，遊戯療法を行えるような場の確保や整備，遊戯療法への関心，専門家の配置などに関する展開が全国的により一層進むことを心より願ってやまない．

[佐藤　葉子]

文　　献

1) 中井久夫：被災児童の震災の心理的影響等に関する調査研究報告書．（財）兵庫県ヒューマンケア研究機構こころのケア研究所：48-49, 2002.
2) 森　省二：子どもの対象喪失―その悲しみの世界で―．創元社：22, 1990.
3) 森　省二：子どもの対象喪失―その悲しみの世界で―．創元社：9, 1990.
4) 伊藤良子：情動と心理臨床・象徴化に向けて．日本情動研究会：19, 2008.
5) 山中康裕：少年期の心．中公新書：viii, 1978.
6) 弘中正美：遊戯療法の実際（河合隼雄，山王教育研究所編）．誠信書房：19, 2005.
7) 河合隼雄：遊戯療法の実際（河合隼雄，山王教育研究所編）．誠信書房：119, 2005.
8) 伊藤良子：遊戯療法と子どもの今（東山紘久，伊藤良子編）．創元社：339-340, 2005.
9) 河合隼雄：カウンセリング入門（河合隼雄編）．協同出版：49-50, 1998.
10) 河合隼雄：ユング心理学入門．培風館：134, 1967.

6 発達障害がある子ども

　人は，どのように自分の「心」を感じ，他者と「心」を通わすことができるのであろうか．

　話すことができない乳児期（infancy）から，養育者をはじめとする重要な他者との関係性に身を置き，双方向的な情緒的関わりが生じていることは，様々な乳児研究で示されているところである[1)-3)]．刻一刻と体験する新しいことを，子どもは養育者との情緒的応答を礎にして組織化していき，1人のまとまりのある存在になっていく．その過程で他の誰でもない固有の心的世界を築き，社会への参入も可能になる．

　発達障害がある子どもも，こうした道のりを歩むことに何も違いはない．しかし，彼らが抱える特性ゆえに，乳幼児期から養育者を含め他者との情緒的関わりがスムーズにいかない場合がある．本章では，発達障害がある女児の事例を取り上げ，心理臨床の視点から彼らの体験世界に接近し，自分の「心」を感じ，他者と「心」を通わす基盤となる情緒的関わりについて検討する．

6.1　発達障害について

　発達障害は，低年齢の子どもから対象となり，本人と家族を中心として，医療，福祉，教育，行政など各領域における多くの専門家が関わっていくという特徴がある．その一方で，DSM（Diagnostic and Statistical Manual of Mental Disorders：精神疾患の診断・統計マニュアル）やICD（International Statistical Classification of Diseases and Related Health Problems：WHO（世界保健機構）による国際疾病分類）などの医学的診断基準で示されている内容や名称と，教育や行政などの準拠となる発達障害者支援法で定義されている内容や名称は必ずしも一致したものではない．

たとえば 2013 年に改訂された DSM-5[4] では，発達障害について，「neurodevelopmental disorders；神経発達症候群／神経発達障害群」という名称になった．つまり，神経発達の問題としてとらえ，その中に，「intellectual disabilities；知的能力障害群」，「communication disorders；コミュニケーション症群／コミュニケーション障害群」，「autism spectrum disorder；自閉スペクトラム症／自閉症スペクトラム障害」，「attention-deficit/hyperactivity disorder；注意欠如・多動症／注意欠如・多動性障害」，「specific learning disorder；限局性学習症／限局性学習障害」，「motor disorders；運動症群／運動障害群」，「other neurodevelopmental disorders；他の神経発達症群／他の神経発達障害群」が分類されている．これに対して，発達障害者支援法（2005 年制定 2014 年改正）で定義されている発達障害とは，「自閉症，アスペルガー症候群その他の広汎性発達障害，学習障害，注意欠陥多動性障害，その他これに類する脳機能の障害であって，その症状が通常低年齢において発現するもの」とされている．

DSM-5 の邦訳において，「児童青年期の疾患では，病名に『障害』とつくことは，児童や親に大きな衝撃を与えるため」[4]，disorder を「症」と訳する案が慎重に検討された経緯が記されているほど，言葉が与えるインパクトは無視できない．それにもかかわらず，実際には，発達障害とは何か？という次元からの混乱が解消されずにある．発達障害について理解を深めるためには，こうした現実も認識しておく必要があるであろう．

また，本章の後半（6.5）で倉光が詳述しているとおり，「自閉症」のとらえ方にも変遷があり，診断名の背景にある概念定義までが時代とともに動き続けている．DSM-5 で取り入れられた「スペクトラム」という変動を前提とした連続体としてとらえる視点は，個人間における症状や特徴の濃淡だけでなく，置かれた環境や対人関係のあり方によって，個人内での変化も想定しているであろう．乳幼児期からの発達過程の中で，その人として連続体でありながら，どのように変化や成長を遂げるのかという発達障害への関わりにおいて重要な視点を提示している．さらに，発達早期は，運動領域の発達，認知領域の発達，言語領域の発達，そして社会性の発達は，それぞれ独立したものではない．こうした発達障害の特徴を踏まえたうえで，名称などにとらわれるのではなく，子どもたちが抱える問題の質をとらえることが鍵であることは言うまでもない．

6.2 事例の概要

　前置きが長くなったが，小児科のカウンセリングの場で出会った発達障害がある女児の事例を示す．

　クライエント（A）は，来談時小学3年生で，1年生の終わり頃，立方体の図を「四角い箱」として理解していないことを担任から指摘され，その後，学習障害（空間認知の弱さ）の診断を別の医療機関で受けていた．学習面での困難さが顕著になり，月1回，特別支援教育を受けているが，学習面に限らず心配なことが多く，Aをどのようにサポートしていけばよいのか，長い目でもろもろの相談がしたいという母親の思いが契機となって来談に至った．

　以下，Aの発言を「　」，筆者の発言を〈　〉，その他の発言を『　』で記す．

初回面接と見立て　　母親とともに来談したAは，はじめは照れくさそうな様子であったが，互いに自己紹介をした後，筆者より，小児科医から少し話は聞いているが，困っていることや相談したいことを聞かせてほしい，Aの得意なことや苦手なことなどを知るための検査に協力してほしい，母親からも話を聞かせてもらいたい，そして，これからどうしていきたいか一緒に考えたいと思っていることなど，カウンセリングの場について説明すると，ほどなく「うん」「いいよ」と返してくれた．

　さっそくという感じで取り組んだ知能検査（WISC-III）では，難しい課題にも挑戦しようとするなど意欲的で集中力も持続する．その結果からは，全体としての知的な問題はなく，言語理解の能力が高い一方で，知覚統合の弱さが浮き彫りになり，刺激の細部に注目するあまりに全体像の把握や見通しを持つことが難しくなっていた．そうした特徴をAと母親にフィードバックする中で，漢字を覚えるのが難しいことに対し，たとえば"森という漢字は，木がたくさんある"というふうに形をとらえる補助として，言葉によるイメージを使うとどうだろうということが話題になる．Aは「そうか！」と納得するも，いざ書いてみると，木を4つ書く．「たくさんだから，3つか4つかわからなくなった」とのこと．Aにとって，言葉の力は助けになるも，そこからさらにイメージが膨らみ，他者と一定の理解を共有することが一筋縄ではいかない難しさが感じられた．

　WISC終了後，次は何？という感じのAに，自由画を勧めると，白い紙を前

6.2 事例の概要

図 6.1 バウムテスト①
［カラー口絵3参照］

にしばし戸惑い，筆者をモデルにした女の子の絵を描く．次に〈実のなる木〉としてバウムテストを施行すると，クレヨンを使い，クッキーやキャンディがなるカラフルな「おかしのなる木」を完成させた（図6.1）．実が果実ではなくお菓子で，幹が家（部屋）になっているというファンタジックなバウムであり，楽しそうな印象を与えるが，現実感より空想の世界が優勢であること，小さな枝が1本描かれている他は樹幹の中に枝が広がる様子はない．切断されている幹の先端処理などもあわせ，外界とのやりとり，対人関係がうまく持てていないことなどが考察された．

その後はAから自発的に絵を描きはじめ，夏休みの自由研究に取り組んでいるけれども，ハサミや糊が上手に使えず，失敗して冷や汗をかきながら"あぁ～"となっている人が，他の人たちに笑われているという絵，ロボットがラジオ体操のような体操をしているが動きがぎこちなく，"あぁ～"となりながら1人でリレーを始め，丸い地球を走るロボットに「いってもいってもゴールはどこ？」というセリフがつけられた絵などを描く．ちょうど夏休み中であり，まさにAの体験世界が表現されたことに筆者は驚き，圧倒された．不器用で細かな作業が上手くできず，クラスメイトに笑われてしまう恥ずかしさ，焦燥感，人ではなくロボットで，バトンを渡す相手がいないリレーの孤独さ，そして終わりがわからないが走り続けるという哀しさが筆者にはダイレクトに伝わってきた．絵の内容は，Aが抱える辛さ，傷つきを表現したものであったが，バウムテストを含め，描きたいものが描けたという満足感，達成感のようなものがあり，Aの独創性

や創造性が発揮されているという面も，描画を通した非常に重要なメッセージであった．

　乳幼児期の育ちについて，母親は，『第1子なので，私の方も神経質になっていたのかもしれないが』と前置きをしたうえで，音に敏感で，トイレにウンチが落ちる音が嫌で排便ができなかったり，電車がホームに入ってくるときのプシューという音が嫌で4年間くらい電車に乗れなかったこと，とくにお気に入りの物というわけではなくても，使っていた物が壊れたり，古くなって捨てようとすると，Aは身を切られるような思いをするようで，毎回泣いて抵抗していたことなど，こだわりが強かったエピソードが語られた．また，幼稚園年長時でもグルグル描きで，動物の絵や何かをイメージして描くことができなかったとのことであった．

　小学校入学後，学習面の困難さだけでなく，忘れ物や物を失くすことが多く，机の周りに物がいっぱい落ちていても気づかないなど身の回りの整理が難しい．対人関係においては，表情だけで相手の感情状態を判断してしまい，笑いながらも嫌がっていることがわからなかったり，Aの方も，人から笑われることに過敏になり萎縮している様子である．また，友達と放課後に遊ぶ約束をしていても，そのことをすっかり忘れてしまい，友達から怒られてしまうこと，一度，嫌な思いをした場所には行きたがらず，活動範囲が狭くなっていること，幼児期から"つま先歩き"をしていること，前方から走ってきた自転車にぶつかるなど視野が狭いことといった全般にわたるAの様子が，母親から心配なこととして語られた．

　これらのことを総合すると，Aは，先に示した発達障害を抱えており，断片的なエピソードではあるが，診断を受けている学習障害という特性だけでなく，autism spectrum disorder（ASD；自閉症スペクトラム障害／自閉スペクトラム症）の特性を持っていることが考えられた．カウンセリングの場では，こうした特性ゆえに，対人面や学習面で直面する困難さをどう受け止め，どう対処すればよいのかというテーマと，Aがそなえる独特の感性を理解し，豊かな表現力を持つAらしさを大切に育んでいくというテーマの双方を扱っていくことが見立てとして考えられた．

　初回面接の最後に，これからAの困っていることなどをどうしたらよいのか一緒に考えていくこと，Aが好きなことを話したり，絵を描いたりする時間として過ごしてよいことを伝え，次回の約束をすると，Aは無言で握手を求めて

きた．

心の悲鳴と休息，安心できる環境作り　3年生の2学期後半,「心が痛くなって」学校をしばらく休むことになる．「心がつぶれてしまいそうに」なっており,「ギリギリのところだった」と表現する．具体的なきっかけがあったわけではなく，積み重なったしんどさに耐えきれなくなったようで，なかなか寝ようとしないAに父親が声をかけたところ,「学校に行きたくない」と打ち明けたという．両親に休んでもいいよと言われ「ホッとした」が,「Aは心が弱いのだなあって思った」と語る．

　母親によると，同級生とのやりとりが難しく，少しずつ"変わった子"と見られている様子．たとえば，Aが給食をたくさん食べたことを嬉しそうに話しても，他の子にはどうでもないこと．また，Aは階段の下から5段目が「魔の5段目」で降りるときに慎重になってしまう．当然，他児に理解できるわけもなく，ノロノロしていると背中を押され，とても怖い思いをしたということがあった．このようなことが積み重なり，Aは「いじめられている」と感じるようになっていた．

　そうした中,「AってAD（LDの間違い）なん？」と筆者にたずねてくる．Aなりに自分の特性を理解できるようにと，家庭で子どもにもわかるような発達障害の解説書で話をしたとのこと．〈どう思った？〉とたずねたところ,「嫌やなあ」と．Aは,「社会と算数が苦手で，理科は頭の良い人と同じくらいの点数が取れる.」「体育も苦手で，逆上がりができない，一輪車に乗れない.」「絵を描くことは好きだけど，絵の具を袖口につけていたり，お母さんによく怒られる.」など，筆者に"説明"してくれた最後に,「給食は好き．好き嫌いなく何でも食べる．野菜も好き！」と誇らしげに話した．そして，自由画で，女の子がバーベキューでお肉や野菜をモリモリ食べている絵を描く．そこから父親とのキャンプの思い出へと話が広がり，完成した絵の女の子は，良い表情で，食べることによって体も心も力をつけ，元気になるぞ，元気になりたいという気持ちを表現しているようであった．

　休んでいる間は，毎日のように担任の先生が家庭訪問してくれた．担任の先生は，自分の気持ちを「ド青（最悪），次が青，ド赤が最高」と表現するAに対して，『とてもよくわかる』が他児には通じにくいのだろうと話してくれるなど，Aの個性と他児との離齬に理解のある存在である．また，2学期から特別支援学級を週1回1時間に増やして，学習面のサポートだけでなく対人関係におけるソーシャ

ルスキルトレーニングなども取り入れている．一度，カウンセリングの場に特別支援学級の先生も来談され，自信を失ったり，不安を抱えているAの心理的サポートの大切さを感じ，特別支援学級が学校での安心できる場になるのではないかと考えていると話された．その話を聞いていたAは，母親，特別支援学級の先生がいるその場で，筆者に向かって，クラスの男の子たちから言われる言葉を真に受け過ぎて悩むようになっているが，家や特別支援学級で話すと，「事件になる」と語り始めた．つまり，自分が打ち明けることで，他児からはチクったという雰囲気になるのではないか，親が心配するのではないか，そうなるくらいなら黙っている方が良いと思うとのことであった．Aなりに状況を理解し，自分の気持ち，親の気持ち，周囲の気持ちを推し量れていると認めつつ，筆者から〈なるほど，そういうふうに思っているのね．でも，Aちゃんの心がまたつぶれそうになったら大変．お母さんも先生たちも，Aちゃんが困ってしまわないように上手に助けてくれると思うけどな〉と間をつなぐことを意図した声かけをすることもあった．こうした信頼できる先生たちとの関係に支えられ，12月から登校を再開し，無事3年生を終えることができた．

心の世界と現実世界との折り合い　4年生は，担任の先生，特別支援学級の支えの中，比較的穏やかに過ごす．筆者が出産による休みを申し出ると，Aは赤ちゃんの絵を描いて，性別を「予言」したり，「黒川せんせいじゃなくて黒川ママが料理するところ」の絵を描いてくれた．

　再開した5年生2学期は，5泊6日の宿泊研修が大きな課題となっていた．カウンセリングの場で，Aから宿泊研修についての相談はないものの，「あんな，Aはな～」と話したいことがどんどん出てくるようになる．Aから困っていることとして，聞き間違いが多いとの訴えがある．友だちが話していることも変に聞き間違え，そこからAの連想が膨らみ，それを口にすると『何言ってるの？』と言われてしまう．「Aはな，自分なりに考えて言ったことでも，馬鹿にするような言い方をされるから，カチンとして，つい一言多く言ってしまう．」それで，相手からまた嫌な感じに言われたり，『死ね』とか言われたりするので，心の中で，「地獄に落ちてしまえ」と思ってしまう．そして，「あ～，なんてダメなことを思ってしまったのだろう．自分でも汚い人間だと落ち込んでしまう」とのことであった．思春期の女子ならではのきつさが，クラスでの友だち関係やA自身にも出てきているのかもしれない．また，「算数の時間は，夢の国，お菓子の国に行っ

ている」と空想にふけっていたり，休み時間は図書室で本（発達障害についての本）を読んでいることが多いとのことで，しんどい状況を A なりに自分の世界に入り，1 人で過ごすことで対処しているのではないかと考えられた．

そして，いよいよ宿泊研修を迎える．母親や先生の配慮で，事前に宿泊場所の写真を見たり準備してきたが，キャンプファイヤーの松明を灯すために，古タオルを持参することが高いハードルとなった．A は，たとえ古くても「タオルは，まだタオルとして生きたいと思っているかもしれない」とタオルを燃やすことに最後まで納得できない．前日の夜中まで，先生たちが入れ代わり立ち代わりタオルが無駄にならないことを一所懸命説明してくれ，最終的に"ボロ布"なら と A も気持ちを整理して，無事出発することができた．A に感想をたずねてみると，班で作ったカレーのことや，朝寝坊が心配だったが，自分よりも起きられない子がいたことなどを楽しげに話してくれた．そして，母親に「なんて言うんやった？」と確認し，宿泊研修のことを総じて「案ずるより産むが易し」とのことであった．

この出来事は，A のこだわりの強さが際立つことになったが，無事に乗り越えた安堵感が A と母親双方から伝わってきた．もう過ぎたことという感じの A に対し，母親は，理科の先生が専門的に説明してくれたり，担任の先生が，『今回のことで A のような子どもの理解につながった』と言ってくれたことなどに，胸を熱くしていた．荷物の管理も心配していたが，母親がしているように整理した状態で帰ってきたことに感心し，A の成長を感じる機会となった．

これまで大きな音が嫌で行けなかったミュージシャンのライブに，母親と出かけ，ときどき耳を押さえながらも楽しんだことなど，A の変化に驚く筆者に対して，A は事もなげに話をしていく．また，6 年生になってからは，放課後も友だちから誘われて遊びに出かけるようになる．学校でエネルギーを使っているので，家で 1 人でボーっと，ゆっくり時間を過ごしたいのが本音だが，友だちと遊ぶことも嫌というのではないと語る．全般を通して，新しいことに不安を感じつつも，期待を持って向かっていける自分に A 自身が手応えを感じているようであった．

中学に向けて A の状態を把握するために，診断機関を受診する．脳波検査も予定されていたため，受診前は，「怖い」と言っていたが，「案ずるより産むが易し」だったことをカウンセリングの場で共有する．そこでは，"学習障害を伴う高機能広汎性発達障害"という結果であり，A の特性を改めて確認することとなった．

図 6.2　バウムテスト②
［カラー口絵 3 参照］

そして，A 自身が地元の公立校と特別支援学校を冷静に検討し，部活動への憧れを持って公立中学校を希望する．進学した A は，吹奏楽部に所属し，音楽の世界を楽しみながら，先輩，友だちなどに支えられ，比較的落ち着いて過ごすことができた．さらに，将来の夢を持ちながら，高校進学へとチャレンジする A は，"A ちゃん"ではなく"A さん"と呼ぶにふさわしい素敵な少女となっていった．再び〈実のなる木〉のバウムテストを施行すると，抒情的なバウムを描いてくれた（図 6.2）．リンゴとミカンの実という A らしい非現実的な要素を残しつつも，幹から樹冠，枝の広がりなど自然な流れを感じる木であり，その横にたたずむシルエットの少女は，まさに A のようであった．

6.3　事例の考察　「心」の世界を表現する場における情動状態の共有

　子どもの心理療法は，本事例でもそうであるように，養育者を主とした大人側のニーズによって開始されることが多い．しかしながら，子どもは受身的に心理療法に取り組むのではなく，A が初回面接において自分の問題を表現したように，内的なモティベーションを備え，場が提供されると，主体的に取り組んでいくことが可能になる．その「場」とはどういう「場」であろうか．

　A は，高い言語能力や描画による表現力を有しており，言葉や絵といった象徴的と呼べる手段によって，自分の体験世界をありありと筆者に伝えてきた．対人関係の難しさ，「現実と空想の隔壁が薄い」[6]とされる想像力の問題，こだわりの強さなど，ASD の主要な症状を，非常に示唆に富む内容で示してくれてたが，

Aと筆者の間には，身体感覚を通した臨場感を伴うやりとりが生じていた．たとえば，初回の自由画で，器用にできず笑われている人に冷や汗が噴き出している様子から，筆者も冷や冷やして焦り，身が縮むような感覚が生じる．不登校状態になったときのことを「心が痛い」と表現したAからは，その心の痛みがまさに痛感として伝わってくる．その他にも，モリモリ食べて力をつけるという感覚，お菓子の国の甘く幸せな感じなど，Aの表現を通して筆者も体感していた．また，乳幼児期の音への敏感さについても，トイレにボチャンと（自分も）落ちる感覚，物を捨てることに抵抗するエピソードからは，Aの身が剥ぎ取られるような身体的な感覚が呼び起こされていた．

小林[7]は，コミュニケーションの二重構造として，象徴的コミュニケーションと，言葉をはじめとする象徴機能を有する何らかの媒介を用いない水準の情動的コミュニケーションの2種を示している．情動的コミュニケーションは，身体そのものにより共鳴し合うような性質を持ち，かつ同時的であるため，ある情動が一方に生じると他方にもその情動が共振し，互いの間で気持ちが通じ合ったという体験を持つことになるとされる．

こうした情動レベルでの関わり合いは，前言語的な乳児と養育者との関係に見られるものであり，象徴的コミュニケーションの基盤を支えている．Stern[2]は聴覚，視覚，触覚，味覚，嗅覚などの感覚すべてを用いた体験様式を，無様式知覚[2]と呼び，乳児の感覚器官を越えた生々しい情動体験が，養育者との間で，身体的，感覚的に合わせられることを繰り返し，自分の体験が他者と共有可能なものであり，実際に，共有されるということを乳児が経験していくことを示している．Aのように知覚の過敏さなどの特性を持つ子どもの場合，乳児期早期から，養育者との間で身体感覚を伴う情動的な関わりは，容易なこととは言い難い．それゆえ他者と共にあるという原初的な自己の存在に脆弱さが潜んでいる可能性が考えられる．そうではあるが，乳児と養育者との情動調律（affect attunement）において，Stern[2]が指摘しているコミュニケーションとコミュニオンの違いに注目しておきたい．コミュニケーションとは一般に，他者の信念や行動システムを変えようと，情報を交換したり伝達したりすることであるのに対し，コミュニオンは，他者が何をしていようが何を信じていようが，それを全く変えようとすることなく，その人の体験を共有することを意味する．母親が乳児の情動調律を行う唯一最大の理由は，「共にある」，「共有する」ためであるとしている．ASD

の主要な問題として，社会的コミュニケーションの困難さが挙げられるが，こうした対人コミュニオン（interpersonal communion）の機能について検討する必要があるであろう．

本事例において，悩みながらもAの特性を個性と認める両親との間はもちろんのこと，Aと筆者のみならず，Aを支えた学校の先生たちとの間でもコミュニケーションの前提として，コミュニオンが機能していたと言える．それは，Aという存在がそのまま受け止められる体験であり，Aの自己肯定感を高め，他の人たちと一緒にいることにも安心感が持てることにつながった．音への敏感さで苦しんでいたAは，その敏感さを活かし，自分と相手，周囲と調子を合わせること（attunement）を楽しめるようになり，そこでの人間関係を支えにして適応的に過ごすまでになったのである．

6.4 発達障害への心理的援助

発達障害がある子どもやその家族への心理的援助は，症状の消失，問題の解決と言った一過性のものではない．個々の特性と発達段階における心理的課題が絡み合い，他の誰でもない固有の心的世界を持った存在として，社会の中で生きていくことがテーマになる．まさに，心理的な「発達支援」である．ところが，発達障害者支援法において，発達支援とは，「その心理機能の適正な発達を支援し，及び円滑な社会生活を促進するために行う発達障害の特性に対応した医療的，福祉的及び教育的援助をいう」とされており，専門的な心理的援助が含まれていない．様々な特性を持つその人を，その人自身として受けとめ，他者と共にある体験の密度を専門的に濃くしている場が，心理療法の場である．発達障害がある子どもへの心理療法を通して，人は，どのように自分の「心」を感じ，自分とは異なる他者と「心」を通わせながら成長するのかということを，情動的関わりの次元から改めて問われているように思われる．　　　　　　　　　　　　　［黒川　嘉子］

文　献

1) Emde RN：The Prerepresentational Self and Its Affective Core. *Psychoanalytic Study of the Child* **38**：165-192, 1983.
2) Stern D：The Interpersonal World of the Infant：A View from Psychoanalysis and Developmental Psychology：1985（小此木啓吾，丸田俊彦監訳，神庭靖子，神庭重信訳：乳児の対人世界―理論編―．岩崎学術出版社：1989）．

3) Trevarthen C, Aitken KJ : Infant Intersubjectivity: Research, Theory, and Clinical Applications. *Journal of Child Psychology and Psychiatry* **42** : 3-48, 2001.
4) American Psychiatric Association : Diagnostic and Statistical Manual of Mental Disorders : 2013（高橋三郎，大野　裕監訳：精神疾患の診断・統計マニュアル DSM-5. 医学書院：2014）.
5) World Health Organization : International Statistical Classification of Diseases and Related Health Problems : 1999（融　道男，小見山実他監訳：世界保健機構による国際疾病分類 ICD-10. 医学書院：2005（新訂版））.
6) 清水將之：子どもの精神医学ハンドブック第2版．日本評論社：41-56, 2010.
7) 小林隆児：自閉症の関係障害臨床　母と子のあいだを治療する―．ミネルヴァ書房：2002.

参 考 文 献

伊藤良子，角野善宏，大山康宏編：「発達障害」と心理臨床（京大心理臨床シリーズ7）．創元社：2009.

6.5　発達障害，とくに Autism Spectrum Disorder (ASD) について

　本節以降（6.5～6.8）では，発達障害のある子どもの心理療法について，黒川による前節までの内容を踏まえて，私見を述べることにしよう．はじめに，ここでも「発達障害」とりわけ「自閉症」の定義について触れておこう．周知のごとく，近年，自閉症関連の概念は若干錯綜した状況にある．DSM だけを見ても，DSM-III-R（1987）においては，「発達障害」の下位分類に「広汎性発達障害」が記載され，またその下位分類に「自閉性障害」があるが，「アスペルガー障害」についての記述はない．DSM-IV（1994）では「発達障害」という名称はなくなり，代わって「広汎性発達障害」の中に，自閉性障害，アスペルガー障害が含まれるようになる．さらに，DSM-5（2013）では，「発達障害」も「広汎性発達障害」もなくなり，neurodevelopmental disorders（訳書では「神経発達障害」）の中に，autism spectrum disorder（ASD；訳書では「自閉症スペクトラム障害」または「自閉スペクトラム症」）という分類名が設けられている．ASD には，DSM-IV の自閉性障害とアスペルガー障害がともに含まれる．

　「自閉症」という概念は，1944 年に命名された，カナー（Kanner, L）の「早期幼児自閉症」（症例報告は 1943 年）とアスペルガー（Asperger, H）の「自閉的精神病質」に由来する．DSM-IV の「自閉性障害」の特徴は，「社会的相互作用の質的障害」「コミュニケーションの質的障害」「限局された興味」であるが，

これは，カナータイプの特徴とほぼ対応している．そして，「アスペルガー障害」はこれら3つの特徴のうち，言語発達やコミュニケーション能力に障害がないものとされていた．しかし，最近では，自閉症をスペクトラムとしてとらえ，アスペルガータイプはカナータイプの軽症，ないし知的能力が高いもの（高機能自閉症）と見なす人が増えており，DSM-5の診断・分類名は，そのような経緯を踏まえたと思われる．

　DSM-5であげられているASDの特徴は私訳すると，A. 社会的コミュニケーションや相互作用における恒久的欠陥 permanent deficit，B. 限局され，繰り返される行動，興味，活動のパターンである．その内容としては，A. には，①社会的相互作用における欠陥，②ノンバーバルコミュニケーションにおける欠陥，③人間関係形成における欠陥，B. には，①特定のものの操作や発話の繰り返し，②同一態 sameness の維持，③極端に限局される興味，④特定の感覚の敏感ないし鈍感，などがあげられている（B. では，4項目中少なくとも2項目に該当することが必須である）．また，DSM-5では，診断に際して，重症度を3つのレベルのどれかに判定することを求めている．これをスペクトラムの指標とすると，軽度のレベル1がアスペルガー障害に当たると見てよいかもしれない．

　自閉症に重篤度（自閉性・自閉度）を考えた方がよいのではないかという指摘は，筆者（倉光）もしたことがある[1]．自閉症関連の診断名を与えられる人は，重篤度においても知的能力においても非常に多様であるので，スペクトラムという表現は，それまでの「質的障害」という表現に比べて事態をより的確に表現していると言えるだろう．

　ASDに関して，多くの専門家は生来の中枢神経系の器質的ないし生理的異常を想定している．DSM-5における neurodevelopmental disorders という分類名もその反映だろう．しかし，ASDを含めて，自閉症関連の診断を受けたすべての人に共通する神経系の異常はまだ見つかっていない．かつてレイン, R. D.[2] は，統合失調症に罹患しているというのは，「1つの憶測であり理論であり仮説であって事実（ファクト）ではない」と述べたが，このことはASDにおいて，いっそう当てはまる．ASDに類する単一の身体疾患の存在は確認されておらず，ただそういう診断名に該当する人々がいるだけなのである．

　また，仮に将来，ASDに対応する身体疾患が特定された場合でも，身体的異常と心理的異常を一方向の因果関係でとらえることには疑問がある．身体は物質

であって刺激から反応に至る流れは因果関係でとらえられるだろうが，心の世界では感覚から行動に至る過程には，主体による行動選択の自由があるように感じられる．もしも，心理的現象（意図）が脳における物理的現象（化学的反応）に先行するなら物理的現象と心理的現象を因果で結ぶことには無理がある．脳の器質的障害に伴って心理的機能に異常が生じるのは当然であろうが，虐待などによる苦痛が継続することによって脳の発達が遅れることも考えられる．また，心理療法など，環境からの望ましい働きかけによって，中枢神経系の発達が促進される可能性もないとは言えない．少なくとも，初期の身体的異常が同一でも，望ましい心的環境とそうでない心的環境に置かれた個体では，その後の症状の重篤度がある程度左右されることは十分考えられるだろう．

このような状況では，黒川の言うように，サイコセラピストとしては，診断名にあまりこだわらず，個別に問題反応を特定してアプローチする方が理にかなっているだろう．精神科医がつける診断名は，時代や文化，個人や集団によって変化するが，サイコセラピストが心理療法の過程で観察した行動や心理検査で認めた反応などは，時代や文化に影響されない．それは，仮説でも憶測でもない，明確な事実である．われわれは事実に基づいて対応を工夫していけばよいのではなかろうか．

6.6　黒川の疑問に答える試み

黒川は本章の冒頭に，「人は，どのように自分の「心」を感じ，他者と「心」を通わすことができるのであろうか」という大問題を提示している．黒川の優しいニュアンスを考慮しないようで恐縮だが，ここでは，「人」をときには生物種としての「ヒト」とし，「こころ」を心的現象としての「心」として，ASDの子どもたちとセラピストの相互作用を考慮しながら，この問題にチャレンジしてみたい．

筆者は「ASDはヒトにおいて種特異的な感覚機能と運動機能の不全によって，他者との相号作用の発現過程に歪みが生じる事態である」と仮定する．彼らにとって快を与える環境刺激，とりわけ自分の意志でコントロールできる快刺激はきわめて限局されており，逆に不快な環境刺激は世界に満ちている．とくに人々が彼らをコントロールしようとする働きかけは通常著しい不快を引き起こす．したがって，彼らと心を通わすには，いわば非常に狭いスリットを通して，彼らに快を与え不快を軽減するアプローチを工夫する必要がある．「こちらの言うこと

を聞かせる」のではなく，「彼らの言おうとすることに耳を傾け」，ときには，彼らに私たちがコントロールされる事態を演出するのである．

　一般に，生物の感覚や知覚には種特異的なフィルターがかかっている．ヒトの場合はヒトの声が雑音の中でも聞き取りやすく，ヒトの姿の中では顔を，顔の中では目を識別しやすい（漫画などで顔の中の目が大きく描かれても不自然でないのは，その反映であろう）．ヒトの顔つきの違いは個体識別を促進する重要な刺激になる．しかし，ASDの人では，こういう感覚・知覚フィルターがうまく働かないように見える．普通，乳児は母親に抱かれると快を感じるものだが，ASDの子は抱かれると体をこわばらせることが多い．他者の目は脅威を与え他児の声が金切り声のように聞こえたり，町中で家族がすぐ近くに来ても識別しにくいこともあるという．このような子どもにとっては，恒常的に安心感や満足感を与えるアタッチメントの対象は（不快を与え，個体識別が難しく，不安定な）母親ではなく，規則的に出現するテレビの登場人物や，自分が思うようにコントロールできる玩具，トランポリンやボールプールなど，「限局された対象」になってしまうのではなかろうか（数字や公理に安心感を抱く人もいる）．このような安定した環境刺激だけが，彼らにつかの間の快感や安心感を与えるとすれば，それに対して一種のアタッチメント（仏教用語では「執着」[3]）が生じることは，むしろ，自然なことではなかろうか．

　他者との相互作用に関わる感覚フィルターの機能不全は，主体感覚の形成，すなわち，「私」という認識の出現を遅らせるだろう．筆者は「自閉症」の子どもの言語使用において，「客体表現」が「主体表現」よりも先行する傾向があると指摘したことがある[1]．たとえば，自閉症傾向のある子どもがアンパンマンの絵を見て，セラピストに「アンパンマン」と語りかけてくる場合，それは「この絵はアンパンマンだよね」という意味であって，「アンパンマン大好き」「アンパンマンみたいに飛びたい」という意味ではないように感じられることが多い．したがって，返答は「そう，アンパンマンだよ，よく知ってるね」といった定型になる．まるで常に定型の応答を求めるかのように，ASDの人はこういった問いかけを繰り返す．もしも，「ママ」という音声が，「ママ，こっち向いて」「ママ，ここに来て」「ママ，助けて」「だっこして」といった主体の願望や欲求の表現ではなく，単に「この人はママである」という客体の表現なら，「心が通い合う」

レベルはきわめて浅くなってしまうだろう．1つの言葉が多様な含意を持ち得ること，言葉によって主体と主体が相互作用するという認識が乏しければ，抽象的概念の理解や代名詞使用も遅れるだろう．

快を与え不快を軽減するアプローチは，ことばを話さない ASD の子どもに対しても可能である．たとえば，座っているところにゆっくり近づいていっては止まり，また近づいていっては止まって，最後は後ろから抱いて膝の上にのせたり（逃れたらしばらくそこで止まってまた近づく），トランポリンのジャンプをともに跳ねながら補助したり，砂や水で彼らがするよりも「美しい」流れを作ったり，逃げていったら追いかけて抱きしめたり，後ろから肘を持って「高い高い」をしたり，隙間からちょっと見ては隠れてまた覗いたり，クライエントが転がしたボールを何度も取ってきてそのうちにクライエントの方に転がしたり，彼らの行動を模倣したり，テレビの実況中継のように言語化したりすると喜ぶことが多い．とくに，彼らが要求を出してきたらできる限りそれに即応する．こうした即座の肯定的フィードバックによって彼らに快を与えられるなら，彼らは次第にセラピストに関心を向け，個体識別するようになるように思われる．セラピストをよく見，その声をよく聴くことは，セラピストを模倣することにつながりやすい．セラピストがクライエントを模倣し，クライエントがセラピストを模倣することが，ミラーリングやエコラリアを越えて，主体間の相互作用にまで発展すれば，ASD の重篤度はかなり改善されてくる．この過程を促進することが実は至難の業なのだが，伊藤[5]の言う「鏡像遊び」や，河合[6]の言う「私」の形成は，そのクリティカルな契機になるだろう．そして，ある程度，自我が発達してくれば，ロジャーズ，C. R. の言う「反射 reflection（相手の言ったことをそのまま繰り返して確認すること）」やフロイト，S. の言う「解釈 interpretation（相手の無意識的思考や感情を推測して伝えること）」も役に立つことがあるように思われる．この過程で，想像遊びや代名詞使用の発達も期待される．

6.7　ASD の人々にとって力動的心理療法は無効か

近年，自閉症は生来の器質的障害なので，行動療法や訓練が有効で，フロイト派やユング派，ロジャーズ派などの力動的心理療法は無効だという主張が声高になされてきた．しかし，筆者はこの主張に従来から深い疑問を抱いている[7]．

心理療法の効果研究では，各アプローチをマニュアル化し，それが症状や問題に与える影響を数値化してエビデンスを得ようとすることが多い[8]．わが国では，認知行動療法だけが有効という誤解があるが，多くの研究では複数のアプローチに効果が認められ，各アプローチ間に有意差は認められない．また，そもそも，心的現象は物質的現象のように厳密に数値化できないし，心理療法の効果も二重盲検法などで検証できない．斎藤[9]によれば，アメリカ心理学会でも，エビデンスが得られているかどうか(empirically supported treatments (ESTs)かどうか)を，個々のクライエントに対してどの治療法を用いるかの判断に用いることは誤用だとしている．少なくとも，ASDに対して力動的心理療法は無効だという主張を裏づける明確なエビデンスはまだ得られていないのである．

　このような状況にあるにもかかわらず，行動療法のようにエビデンスが得られている心理療法のみが有効だという主張が多くの人に受け入れられる理由の1つは，生得的な器質的異常を想定すると，ASDの子どもたちの母親が冷たい（refrigerator motherである）から子どもがASDになったなどといった理不尽な非難から解放されることにあるように思われる．自分のせいでこうなったと思わなくてすむことによって，子どもにより温かく接することができるようになる母親もいるに違いない．ただし，このような主張によって，有効性があるかもしれない力動的心理療法が実践されなくなるのは残念なことである．

　力動的心理療法のエッセンスは，東山・伊藤[10]が遊戯療法について述べていることを踏まえれば，共感的理解への志向性ではないかと思われる．それは，たとえば，子どもに絵を「描かせ」たり，箱庭を「作らせ」たりすることではなく，まして，それが上手であるとほめたり，「気持ちはわかる」などと安易に言ったりすることでもない．その核心は，クライエントの表現や反応(それは，絵画・箱庭などの制作拒否や沈黙であってもよい)を通して，内的な苦悩や願望をより深くより的確に理解しようとする姿勢を保つことではないだろうか．もちろん，他者の苦悩を完全に理解することはできないが，一貫してそうした姿勢をとり続けることによって，少なくとも，表現を抑止したり，叱責したり，彼らを強引に動かそうとしたりして不快を与えることは避けられるだろう．

　このようなアプローチは，言語を用いたカウンセリングでは「傾聴」という形になる．20代後半に自閉症と診断されたある女性は，「アドバイスは要りません．私がどんなにつらい毎日を送っているかを聴いてもらえるだけで，ずいぶん助か

ります」と言った．セラピストがクライエントの「ありのままの姿」を理解し受容することは，クライエントの苦悩を軽減し（分かることは分かち合うこと），それを契機として，症状が克服されていったり社会的行動が促進されていったりすることがあるのは事実である．

　筆者は自閉症の子どもたちにこのようなアプローチを試みて，ある程度の成果を上げたセラピストを何人もあげることができる．ベッテルハイム，B.は自閉症の子を何人も引き取って丁寧に育てたし，バウム，N.はASDを含む様々な障害を持った子どもたちのための学校を経営して温かいケアを続けた．イギリスのタビストック・クリニック（センター）でASDの子どもたちに関わってきたタスティン，F., 彼女の教えを受けたアルヴァレズ，A.やリード，S.もよく知られている．わが国では，長らく自閉症協会の会長を務めた石井哲夫，情熱的な関わりを続けた山中康裕，酒木保，山上雅子，伊藤良子などの名をあげることができる．彼女たちの記した事例研究に接し，自分でもささやかながら実践経験を積んできた結果，筆者は力動的心理療法がASDの人にもある程度役に立つことがあると信じられるようになった．

　ちなみに，ASDの特徴がpermanent deficitであれば，心理療法によってそれらが改善されたケースは，もともとASDでなかったのだという議論も成り立つ．たしかに，アクスライン，V.[11]の関わったディプス，リード，S.[12]が出会ったキャサリン[*1]，杉山[13]の言う「第四の発達障害」のケースなどは，ASDの特徴を一部持っていたとしても，それに対応する生来の神経系の障害はなかったかもしれない．しかし，その決定的証拠が認められない段階では，このようなケースもスペクトラムの末端に含めてもよいのではなかろうか．逆方向から言えば，たとえ，重篤なケースであっても，主体間の相互作用が生起する可能性はゼロではないのだ．

---

　*1)　1歳時に「自閉的」と診断された先天盲の少女．2歳時はエコラリアのみ．11歳で心理療法を開始した時点でも代名詞がうまく使えず，面接時間のほとんどを脈絡の定かでない話に費やす．しかし，セラピストの心温まるきめ細かいフィードバックによって，次第に，自他が分離され，歌によって希望を表現したり，ボタンを擦り合わせる音で不快を避けようとしていたことを告白したりするようになる．14歳の時点では「先生は私の脳が働くようにしてくれた．どうして目が見えるようにしてくれないの」とセラピストに不平も言えるようになり，「大人になったら，庭つきの家を持ちたい」「赤ちゃんができたらいいな．その子を育てたいの」という希望を語るようになった．大切なのは視覚ではなく，相互作用によって育まれるイメージである．

6.8 黒川の担当したケース（ここではAさんと記す）

　力動的心理療法の有効性を，黒川の呈示したケースにおいて検討してみよう．Aさんは初回面接のとき小学校3年生であったが，セラピストが「得意なことや苦手なことなどを知るための検査に協力してほしい」「どうしていきたいか一緒に考えたい」と言うと，ほどなくして「うん」「いいよ」と答えている．セラピストによるこの説明は，クライエントの心に寄り添って会っていきたいという気持ちを柔らかく表現しており，その言葉かけからAさんは自分が尊重されているという確信を得て，「セラピー」に同意したのではなかろうか（「ほどなく」という時の流れが，それを示唆しているように感じられる）．引き続くWISCやバウムテストなどを通じて，セラピストが自分の考えや気持ちを理解しようとしていると実感したのだろう，Aさんは自発的に絵を描きはじめ，悩みを語りだす．一連の絵や話には，彼女の傷つきや焦り，孤独感や悲哀感などが切ないまでに表現されている．セラピストはAさんの苦悩に深く共感しているが，同時に，こうした自己表現によってAさんが何らかの満足感や達成感を得たことも感じ取っている．そこでセラピストは，Aさんの心理療法においては，学習障害や広汎性発達障害から生じる困難を受け止めて対処法を考えることと，Aさんの感性や表現力を大切に育んでいくことがテーマになると考える．

　Aさんは，2学期後半には「心が痛くなって」「心がつぶれてしまいそうに」なって（なんとリアルな表現だろう），しばらく学校を休むことになる．彼女は「私はADなん？」とセラピストに問い，苦手なことをあげるが，好きなことや得意なことも話す．

　Aさんが4年生になったとき，セラピストは産休をとる．母性的存在も完全ではなく，good enough でしかないのだ．しかし，周囲のケアもあって，彼女は，「黒川せんせいじゃなくて黒川ママが料理するところ」の絵を描いて，理想的なセラピスト像の崩壊（脱錯覚 disillusion）に耐える．いや，黒川さんという個人と元型的イメージを分離して体験できるようになったと言うべきだろうか．

　5年生になって同級生とのコンフリクトがあり，「死ね」と言われて『地獄に落ちてしまえ』と思ったり，宿泊訓練のキャンプファイアーで古タオルを燃やすことに強い苦痛を感じたりもするが，セラピストにその苦しみを語り，「案ずるより産むが易し」の体験を経て，彼女はこういった危機も乗り越えていく．やが

てAさんは，ミュージシャンのライブを「ときどき耳をふさぎながらも」楽しめるようになり，中学生になると吹奏楽部で合奏できるまでになる．中学3年生時のバウムテストを見ると，女性らしい身体像も育まれつつあり，（後ろ向きで影が薄いので）一種の寂寥感もうかがわれるが，（樹幹の中の果物に象徴される）生命エネルギーも感じさせる．

　これから先，2人はいつまで会い続けられるのだろう．やがて訪れるだろう別れも「案ずるより産むが易し」になるだろうか．アタッチメントの対象はスピリチュアルな元型的イメージ（内的ワーキングモデル）となって生き続ける可能性がある．セラピストのイメージは，ある視座から見れば「大いなるママ」と重なるかもしれない．

　人の心のスペクトラムはきわめて深いレベルからはるかに高いレベルにまで広がっている．われわれはそのどこかを中心点（個性）として揺れ動き，クライエントと波長が合ったときに「心」を通わすことができるのだろう．ASDの人との力動的心理療法は，治癒を目指したアプローチというよりは，このスペクトラム内に共存する2人が「心を通わす」ひとときを創造することによって，より深い交流を促進する営みであると言うべきかもしれない．　　　　　　　　　　［倉光　修］

文　　献

1) 倉光　修：自閉性の改善された事例．臨床心理事例研究 **4**：16-22, 1977.
2) レイン RD, エスターソン A 著, 笠原　嘉, 辻　和子訳：狂気と家族．みすず書房：1972.
3) 井上ウイマラ, 加藤博己, 葛西賢太編：仏教心理学キーワード事典．春秋社：2012.
4) 倉光　修：「自閉症」児との相互反応．京都大学教育学部紀要 **26**：324-333, 1980.
5) 伊藤良子：人間はみな発達障害．In：伊藤良子, 角野善宏, 大山泰宏編：「発達障害」と心理臨床．創元社：15-27, 2009.
6) 河合俊雄：はじめに－発達障害と心理療法．In：河合俊雄編：発達障害への心理療法的アプローチ．創元社：5-26, 2010.
7) 倉光　修：自閉症児にプレイセラピーは無効か．日本遊戯療法研究会編：遊戯療法の研究．誠信書房：68-82, 2000.
8) クーパー M 著, 清水幹夫, 末武康弘監訳：エビデンスにもとづくカウンセリング効果の研究－クライエントにとって何が最も役に立つのか－．岩崎学術出版社：2012.
9) 斎藤清二：「エビデンスに基づく実践」のハイジャックとその救出．こころの科学 **165**：2-8, 2012.
10) 東山紘久, 伊藤良子編：遊戯療法と子どもの今．創元社：2005.
11) アクスライン VM 著, 岡本浜江訳：開かれた小さな扉－ある自閉児をめぐる愛の記録．日本エディタースクール出版部：2008.
12) アルヴァレズ A, リード S 著, 倉光　修監訳, 鵜飼奈津子, 廣澤愛子, 若佐美奈子訳：自

閉症とパーソナリティ．創元社：2006.
13)　杉山登志郎：子ども虐待という第四の発達障害．学研：2007.

7 子どもの神経症

7.1 子どもの神経症とは

　神経症は，心理的原因により引き起こされた心理的な症状によって，日常生活に様々な支障が生じている状況である．そこには「わけのわからない不安」があり，その「不安」の根源に対する心的防衛が症状を派生させることを明らかにしたのが，フロイト（Freud, S）であった．フロイトは，器質的要因を持たない症状がなぜ生じてくるのか，どうすれば治癒するかを臨床場面で実践しつつ精神分析理論を構築してきたのである．現代の精神医学においては，そのような症状の背景にある心理的メカニズムよりも，客観的な診断基準が求められており，心理臨床，教育の現場でも医師との連携においては DSM（Diagnostic and Statistical Manual of Mental Disorders；精神障害の診断と統計に関する手引き）が必携となっているが，現在邦訳されている DSM-5 では，神経症の代わりに不安症という診断名が用いられている．子どもの神経症に関しては，「通常，幼児期，小児期，

表 7.1　子どもの神経症に該当する DSM-5 診断名（通常，幼児期，小児期，または青年期に初めて診断される障害）

チック症	トゥレット症
	慢性運動性または音声チック症
	暫定的チック症
排泄障害	遺糞症・遺尿症
強迫症	抜毛症他
不安症	分離不安症・限局性恐怖症他
	選択性緘黙
その他の障害	反応性愛着障害・心的外傷後ストレス障害
	異食症他

または青年期に初めて診断される障害」としてあげられた診断名のうち，表 7.1 のような診断名が該当すると思われる．

　神経症は，心によって，心が苦しんでいる状況である．

　このような，子どもたちの心の苦しみは，どうして生じてくるのだろうか？ そして，その苦しみを，どのようにしてくぐり抜けていけばよいのだろうか？

　フロイトは，パリのシャルコーのもとで学んだ催眠を，心の要因でこのような悩み，苦しみが生じている状況に応用してみたところ，クライエントが催眠状態において「語る」ことで，症状がみごとに消えてしまうことを経験した．しかし催眠をかけた術者と被術者の間に強い感情的な反応が生じることに気づき，その感情の反応，転移に，症状の原因となり，また治療の契機となる重要な意味を見出して，精神分析の方法を理論化していったのである．

　フロイトの心の局所論によれば，心は「私」が気づくことができる心の領域すなわち意識と，気づいていない領域すなわち無意識に二分される．そして，意識の中心には，「私」すなわち自我が存在している．この自我は，脅威や不安から身を守るために，自分自身の葛藤を意識から覆い隠す防衛機能を用いる．防衛機制のうち，最もポピュラーなものは，抑圧である．自我にとって，受け入れることが難しい自分自身の感情や記憶は，意識の外，無意識に留められてしまうのである．

　不安神経症（不安症）は，無意識に押し込められた葛藤から生じる衝動や記憶，つらい感情などが，意識を圧迫することによって，自我が「わけのわからない」不安に脅かされ，この不安をある対象への恐怖と結びつけたり，不安に対する何らかの合理的理由づけを行うことによって症状が顕在化する．

　またこの心理的な葛藤や不安が，身体化されて体験/表現される場合，転換性症状と呼ばれる．たとえば，親から算数で良い点数を取ることを期待されている子どもが，その期待に応えられなくなってしまったとき，算数の教科書だけが「読めない」と訴える例がある．しかし，他の科目の教科書や漫画は支障なく読めるので，算数の教科書だけが読めない症状は，器質的な問題ではなく，心因性であり，「算数のテストで失敗する→親の期待に応えられない→親の愛情を失う」ことへの不安が「読めない」症状に転換されたものであることがわかるのである．また別のタイプの神経症として，不安に対処するために，具体的な何らかの儀式的行為や動作を行ってしまう強迫神経症がある．本人も，そのような儀式的行為には

意味がないことに気づいているのだが，その行為をやめることができない．本人が訴える「不安」や，やらずにおけない「行動」は，真の不安や対処行動から置き換えられたものになっており，真の不安が何であるか自分で気づいていないことが多い．つまり意識化することがかなり困難な状況である．

　フロイトは，ハンスの症例[1]を通して児童期の神経症としての恐怖症の心理的メカニズムに著目していた．

　ハンスは，馬を怖がるようになった5歳男児である．フロイトが直接治療に携わったわけではないが，その父親からハンスの日常の言動をこまやかに聞き取り，ハンスの神経症的な恐怖の背景について考察し，『性欲論三篇』[2]で提示したエディプス・コンプレックスの仮説がどの程度支持されるかを論じている．ハンスはお気に入りのシェーンブルン公園に出かける道中，何かを恐れて歩くのを嫌がった．後で聞くと「馬が僕を噛みそうで怖かったの」という説明であった．また同時期に，「寝ているとママがいなくなった」夢を見て，夜になると不安がり，母親から離れようとしなくなったのである．ハンスの言動を検討したフロイトは，それは幼いハンスが母親と2人きりになるために父親を追い払いたい，父親が「死ねばいいのに」と考えていると推測した．またハンスが3歳半のときに生まれた妹も，彼と母親の2人きりを妨げる存在としてとらえられる．妹に対して「良い兄」であろうとするハンスの意識的な志向性と裏腹に，無意識では妹の死を願望していたのだという．フロイトは，神経症になる子どもたちについて以下のように述べている（文献[1]，p.274）．

　　「神経質」な子どもと「正常な」子どもとの間には，明確な線を引くことはできず，「疾病」は純粋に実際的な量的概念である．素質と体験が共同して作用することでこの一線が超えられるのである．…子どもの教育が，この量が問題となる疾病への素質に，有利にせよ，不利にせよ強力な影響を及ぼし得るものであることは，少なくとも大いにあり得ることである

　教育を，子どもたちへの意図を持つ働きかけであると定義するならば，遊戯療法もその1つとして，子どもの神経症の治療に大いに役立つと考えられるだろう．

7.2　子どもの神経症の発生―生育過程における心の傷つきへの反応として―

　本節では，子どもの神経症の発症と治療の実際について，5歳女児の選択性緘

黙の事例をもとに，考察を進めていきたい．

選択性緘黙とは，言語的能力や器質要因に何らの問題がないにもかかわらず，場面によって自発的な言語表現が見られない症状を言う．集団場面で，人前で話すことを求められる際，あまりにも強固に言語表現を拒むために症状が顕在化し，保育士や教員にとっては看過できないと感じられることが多いが，本人の理解力には問題がなく，学校場面では，発表しないながらも授業に参加しており，本人の知的能力に応じた学習の進歩が認められる．最低限の意思表示は，首振りやうなずきによってなされているので，受身的なスタンスながら集団場面にも参加できているのだが，級友との自然なコミュニケーションができないことについては問題視されることが多い．

フロイトの心理的防衛の視点でとらえると，おそらく意識において，認めることのできない，あまりにも強い感情がその子どもの内面で渦巻いているために，その感情を抑圧し，表面では全くそのような感情が存在していないかのように振舞おうとしていることが予想される．しかし，その抑圧に相当なエネルギーを使っており，激しい感情を強引に押し込めようとしているために，自発的で自由な感情全体の動きも抑え込まれてしまっている．また，集団場面に何らかの脅威を感じて防衛的姿勢が高まり，自発性が凍りついてしまい，発話が困難になっていると推測される．

事例　　A子　来談時6歳保育園年長組
家族　　父（会社員），母（主婦），弟（3歳），母方祖父，母方祖母
主訴　　集団場面に入れない．友達と自然に遊べない．自宅では活発におしゃべりできるが，保育園では声を出そうとしない．

生育歴および症状が出現するまでの経過　　熟産3400g．母乳混合．発育は早く，初語8か月，初歩12か月．人見知り少なく活発な子どもだった．2歳3か月のとき，弟が誕生．これを契機に母方祖父母との同居が始まった．2歳6か月ごろより夜泣きが2，3か月続いた．3歳1か月時に母が外科手術のため16日間入院，このときおば（母の姉）宅に預けられたが，はしかを患い，母のお見舞いに行くことができなかった．家族はこの出来事の後，本児が暗くなったと感じている．保育園には，2年保育で入園し，現在，年長組在籍．時々登園渋りが見られる．公園でも他児がいると固まってしまって自由に遊べない．

7.2 子どもの神経症の発生—生育過程における心の傷つきへの反応として—

　以上の生育歴と発症までの経過より，選択性緘黙の背景として，A子の発育の早さ，感覚の敏感さをあげることができる．さらに，弟の出生，家族の引っ越しという環境の変化に加えて，3歳のA子にとっての母親の入院は本人のはしか罹患とも重複し，心的なトラウマとして体験された可能性がある．

　2歳から3歳にかけて感受性の鋭いA子にとって，弟の誕生に伴う生活環境の変化は，どのように体験されただろうか？　2歳6か月時の夜泣きは，その体験に対するA子の不安や怒りの表現だったのではないだろうか？　さらに悪いことに，その後母親が入院してしまう．ちょうど分離-個体化の時期を迎えていたA子にとって，この母親との離別により強い不安が引き起こされたことが予想できる．

　このような不安について，英国の精神分析家であり，小児科医であったウィニコット（Winnicott, D）[3]は，破滅不安（annihilation anxiety）と名づけている．彼によれば，赤ん坊は，必ず母子ユニットの一方として存在しており，私たちの人生は，この母子の一体感を出発点としている．しかし，赤ん坊は母親に対して絶対的な依存の状態にあり，母親の一存でこの一体感が崩されてしまうとき，赤ん坊は死の恐怖の中で，怒りの塊となって泣き叫ぶ．この時期の赤ん坊の激しい泣きを思い浮かべてみよう．赤ん坊はその壮絶な怒りを，全身で表現する．そこには何の遠慮もなく，その激しい感情は，周囲に撒き散らかされるかのようである．この時期の赤ん坊は，まだ時間の展望もなく，今この瞬間の不快感は永遠の苦しみのように感じられ，自分は世界によって迫害されて，今にも殺される！と言わんばかりに泣きわめいているのである．この破滅不安というのは，自分がこのままでは生存を維持できないという不安であり，誰の助けや愛情も得られずに自分が破滅してしまうという根底的不安である．A子の2歳6か月のときの夜泣きはまさにこのような質の不安の表出であったと思われる．

　2歳6か月のA子の夜泣きが強い怒りの表現であったとすれば，その怒りを表現した結果，母親が不在になったように感じていたかもしれない．そのため，母親の入院後，A子が「暗くなった」と感じられたのは，その怒りの表現を抑制するようになったためではないだろうか？　A子は，怒りを抑え込み，その抑え込みのために相当なエネルギーを消耗していたために，新しい対人関係の中に入っていく積極性を失っていたかもしれない．また怒りとともに，自由な感情の動きや表現も抑え込まれてしまい，さらには自発的な言語表現の抑制にもつな

がっていた可能性もある．

　こうして過去の経過の中に，選択性緘黙の原因となったかもしれないエピソードが浮かび上がってきた．しかし，たった6歳のA子であっても，2歳時の過去に戻ることはできないのである．一度体験した過去そのものを変えることはできない．こうした過去の心的トラウマ，心の傷つきがもとになって，子どもたち本来の自発性や成長の可能性が抑制され，成長促進的な対人関係を阻害する症状が発現している場合，どのような治療アプローチが可能だろうか？　そこで，浮かび上がってくるのが，成人に対する心理療法を子どもに適用するために創案された遊戯療法である．

7.3　子どもの神経症の治療の実際－遊戯療法について－

　遊戯療法は，子どもたちを対象にした心理療法の手法である．成人の心理療法が対話によるものであるのに対して，遊戯療法は，遊びを媒介とする．遊戯療法の基本的な構造として，まず定期的に一定の時間，同じ場所で子どもが「遊ぶ」場を提供する．遊びは，子どもたちの心の深い部分から自然に発生してくるイマジネーションの発現である．ウィニコットは，この「遊び」について，子どもたちの外的現実と内的世界の，ちょうど中間領域に発生すると述べている．それは，現実でもなく，また完全な内的世界でもない．プレイルームで，セラピストと共有され，体験されるという意味で現実の空間でもあり，そこでは「遊び」として現実ではあり得ない役割を演ずる（プレイ）という意味で非現実なのである．その中間的領域において，現実の制約から束縛されることなく，現実の生活では，抑え込まれ，溜め込まれていた深く，激しい感情が，安全に表現され，セラピストによって，その表現が受けとめられる．子どもとセラピストの関係において，子どもの心の傷つき体験が生き生きと再生され，2人の間に起こる「遊び」の中で，その傷つきが癒やされ，葛藤の解決が見出されていくことが遊戯療法の本質となる．

　遊戯療法において，このように治療的に作用する「遊び」を発現させる前提として，アクスライン（Axline, VM）[4]は8つの基本原則を掲げている（表7.2）．

　遊戯療法におけるプレイセラピストの姿勢については，まず第1に，子どもたちが遊びに夢中になれる空間を提供することである．子どもが遊びに没頭するためには，「自由で守られた空間」[5]が必要と言われている．カルフ（Kalff, DM）

表7.2 アクスラインによる遊戯療法の8基本原則

1	治療者はできるだけ早く良いラポートを成立させるように，子どもとのあたたかい親密な関係を発展させる．
2	治療者は子どもを，あるがままに受け入れる．
3	治療者は，子どもに自分の気持ちを完全に表現することが自由だと感じられるように，おおらかな関係性を作る．
4	治療者は子どもの表現している気持ちを認め，子どもが自分の行動の洞察を得られるように気持ちを映し返す．
5	治療者は，機会が与えられるならば，子どもが自分の問題を解決し得る能力を持っていることを尊重する．選択や変化の主体は子どもである．
6	治療者は，子どもの行動や会話を先導しない．子どもが先導し，治療者はそれに従う．
7	治療者は，治療をやめようとしない．治療は緩慢な過程であり，治療者はそれを認める．
8	治療者は，治療場面が現実の世界の一部分であり，子どもに治療者との関係における自分の責任に気づかせるための制限を設ける．

によれば，新生児は，空腹時の授乳，寒さからの保護などその要求のすべては，母親に委ねられており，「母と子の一体性」の段階にある．生後1年経過すると，子ども自身の自己が，この母と子の一体的関係から分離し，今度は母と子としての「関係」の中で，母親の優しさに包まれて，徐々に保護されていることを知るようになり，母親との「間」に1つの信頼関係が生じ，そこで感じられた安心感が，さらなる心の発達の基盤になるという．それゆえに，子どもの心の発達の過程を引き出すためには，子どもたちが安心できることが重要であり，子どもの遊戯療法においては，「自由であると同時に保護された1つの空間をわれわれの関係の中に作り出すこと」がセラピストの任務であると明言されている．

ここで，遊戯療法の実際を示すために，A子との遊戯療法の経過の一部分を紹介したい．

a. A子の遊戯療法の経過

第1回．母と別れて初対面のプレイセラピストと一緒にプレイルームに入室したA子に，セラピストが時計を示して〈時計の針がここに来るまで，ここで一緒に遊ぼう〉と声をかけるが，A子はじっと唇をかみしめて黙りこくっている．

図 7.1　A子の箱庭（再現）
［カラー口絵4参照］

　セラピストはコアラの人形に鉛筆を持たせ女の子の絵を描いた．その紙をそっと箱庭に置き〈ここ A 子ちゃんのお庭．何でも好きなものを置いてごらん〉と声をかけると，A 子が動きはじめた．まずは大きな実のなる木，そしてピンクの花の木と青い花の木が置かれた．その周辺に卵の入ったかご，こぼれたミルク，雛を背負う白鳥と白鳥の子ども，犬の親子，カンガルー，ドラえもん（アニメのキャラクター），ライオンが置かれた．そこにさらに木が加えられて森となり，森の木々の間に小動物が駆け回っている．箱庭の手前と右側の枠に沿ってギッシリと家が並べられて，箱庭が二重の防壁で守られているかのようである（図7.1）．第 2 回，入室しておもちゃが並んでいた棚を眺めていたが，やおらラッパをつかみ取って，プ・プーと吹き鳴らした．第 5 回，黙々と料理を皿に盛る作業を続ける A 子の不自然な姿勢に気づいたセラピストが〈おしっこ？〉と問うと A 子がうなずき，2 人でトイレへ出かけた．トイレから帰ってくると A 子はさっきよりもセラピストに近い場所に座って料理作りを続ける．お盆がいっぱいになったので〈テーブルがいるね〉と声をかけると A 子はテーブルを出してきて，セラピストに料理を出す．セラピストが料理を食べると，どんどん次の料理が出てきて，量もだんだん多くなってくる．第 6 回，A 子は乳母車に子ウサギと子グマをのせてすごい勢いで走らせる．勢い余って乳母車が台の下に転落してしまう．台の下を覗くと，たくさんのおもちゃがそこに落ちていた．乳母車に落ちていたおもちゃを積み込み，拾い上げてくる．そして，スカイピンポン（ピンポン球を弾き出せるバネのついたメガホン型のおもちゃ）に拾い上げてきたおもちゃと子ウサギ，子グマを「ちくしょう．ちくしょう」とつぶやきながら詰め込んで，カチッとスイッチを入れて中に詰めたものを弾き飛ばした．セラピストが〈こっちに飛

7.3 子どもの神経症の治療の実際—遊戯療法について—

図 7.2 A 子のマグネット型押し復元
手書きで，犬型にリースを書き加え，さらに耳を書き加えて右の隊列をウサギに．

ばして〉と声をかけると，A 子もセラピストの方向に中身を飛ばすことができた．この「ちくしょう，ちくしょう」が A 子がプレイルームで発した初めての言葉だった．第 8 回，マグネット黒板に型押しで作画（図 7.2）．中心の人物は両手に鎖でつないだ犬を持っている．両脇はチューリップと大きな花．いずれも背が高い．そして右端にはウサギが防壁のように一列に並んでいる．冬休みを前にした第 13 回，A 子はレストランのカウンターの内側でせっせと料理を準備して，シルバニアファミリーの家族に料理を提供する．家族は 1 つの大きなふとんで並んで仲良く眠る．赤ちゃんウサギは，ベビーベッドに寝かされ，そのベッドには哺乳瓶とともにケーキや果物も詰められる．眠る赤ちゃんウサギはベビーベッドに入れたままトランク式のお家にそのまましまい込んで終了．冬休みが空けると，休み前にベビーベッドで眠る赤ちゃんをしまっていたトランク式の家を開けて内部の赤ちゃんがそのままであったことを確認．目覚めた赤ちゃんは，保存していた食料をむしゃむしゃ平らげた．第 20 回，海賊危機一髪のおもちゃで A 子の飛ばした海賊人形が，セラピストのスコップにストン！と収まるハプニング．A 子はにっこり微笑んで立ち上がり，プレイルームを箒で掃いて，いろんなおもちゃを並べはじめた．ねじ式の鳥をさえずらせ，鉄琴を奏でた．そして，スカイピンポンに，ピンポン玉ばかりでなく，キャベツ，リンゴ，カボチャを入れてスイッチを入れて，セラピストのスカイピンポンにまるで口移しのように，中身を移動させる．今度はセラピストから A 子のじょうごに中身を戻すと，A 子は柔らかいスカイピンポンを口のようにもぐもぐと動かした．A 子は真珠の首飾り見つけて，自らの首につけようとしたので，セラピストが手伝う．次に A 子は緑色

の首飾りをセラピストにつけてくれた．母親面接からの情報によれば，この回の後，A子は保育園のB子先生としゃべった夢を見たという．第21回，粘土で指輪，ソフトクリーム，かご，栓抜き，ウサギの顔，腕時計を作成．この時期，A子は入学式を迎えた．小学校での口数は少ないながらも，皆の前で自己紹介のときに自分の名前を言うことができたという．第23回，粘土でハートのついた指輪，ハートのついた首飾り，ハンドバッグ，三段のてっぺんにハートのついたケーキを作成．〈これ，いつ食べるケーキ？〉とたずねると，A子は「結婚式」とささやいた．そして，粘土でチャイムを作成して自分の指で押して小声で「キンコーン！」．ナメクジの背に大きな渦巻をのせ，ナメクジのお尻の下にも小さな渦巻を作ったのを見て，セラピストが〈あ，カタツムリのうんこさん！〉と声に出すとA子は大きな声で「うんち！」と叫んだ．カタツムリは便器の中に落ちてしまい，再び這い上がってきたときには，背に大きな「うんち」を背負い，首に小さな「うんち」を入れたかごを下げて，2本の角にも「うんち」を1つずつひっかけた姿となった．粘土で長いひもを作り，これを渦巻に巻いてから，ほどいて，今度は板の上に家の形にはりつけ，「うーち」だという．扉のノブは渦巻型で，「これ，持つところ，クリームでできてんねん．お菓子の家！」窓の形を指して，「豚の鼻みたい！」そして突然「豚嫌い！　豚嫌い！　幼稚園のやつも，小学校のやつも嫌い！」と言う．窓は四角に作り直され，その中に豚の鼻をはりつけ，「豚が外から見えへんように」上から窓全体を粘土の膜で覆ってしまう．これがカタツムリの「うち（家）」だと言う．

　その後のプレイの経過において，豚のテーマを拾い上げてみると，第32回，海賊人形は，「おなかすいた」と食卓につき，豚のぬいぐるみをテーブルに置いて「豚が好きやねん」とぱくぱくと平らげた．第38回，ケーキやハンバーガーを並べて「豚の子の誕生日！　豚から豚の子が生まれたの．ぶーぶー．」とバービー人形がごちそうを食べるプレイ．そのうち，「Aちゃんも食べる」と宣言して，自らがごちそうを「バクバク，おいしい，毎日来たいわ」と食べるプレイとなった．この時期のA子は小学校の先生とは会話を交わすことができ，授業中の発表もきちんと話すことができていた．級友とはほとんど会話を交わすことがないが，集団場面では溶け込んでいて一緒に笑っている場面もあるということであった．

b. 経過を振り返って

　保育園の年長組だったA子は，来談当時集団場面やプレイ場面でも緊張しており，固く口をつぐんでいた．その箱庭や描画は，彼女の心の中にはいろいろなものがいっぱい詰まっているにもかかわらず，外の世界との間に高い壁が築かれて，内と外とが自由にやり取りできない状態であることを示していた．しかし，プレイの経過の中で，大きな変化が見られた．すでに2回目，A子はラッパをプ・プーと吹き鳴らした．彼女の内側に詰まっているものが，やがて外に出ようとしていることの先触れであった．

　無言劇の中で，子ウサギと子グマをのせて乱暴に走り回る乳母車は，台の下に転落し，そこに落ちていたたくさんのおもちゃを発見して拾い上げてくる．それらを「ちくしょう！」という言葉とともに，スカイピンポンから吐き出す遊びにおいては，意識から追いやられていた無意識の内容が，動きだして，意識の中に流れ込んでおり，意識の防衛的な障壁がそれに持ちこたえられなくなってきていることが表現された．同じテーマが，少し形を変えて繰り返される．粘土のカタツムリは，渦巻型の「家（うち）」を背負い，渦巻型の「うんち」をする．そして，便器に落下して，「うんち」をいっぱい下げて戻ってくるのである．

　それは，A子が抑圧してきたネガティブな感情を表していると考えてみると，このような感情の表現こそ，その後のA子の心の成長にとって欠かすことのできない重要なステップであった．これまで意識の領域の外に追いやられていたネガティブな感情，おそらく強い怒りが，生き生きと表現され，その感情が受けとめられたとき，その感情が真に生きられたと言うことができるだろう．こうして遊戯療法が，ポジティブな感情ばかりでなくネガティブな感情も含めて自分自身の感情として認め，これを生きるための場として活用されたのである．

　ところでカタツムリの「家」に封じ込められた大嫌いな豚は，その後のプレイに再登場し，まず海賊に食べられてしまう．そしてピンクの豚から豚の子が生まれた誕生日の祝いではA子自ら，ごちそうをばくばく食べたのである．豚は，おそらく心の中の生きようとする本能あるいは欲望だったのではないだろうか？

　怒りを表出することができた後で，A子は，これまでは抑制してきた生きる本能も，心の中に統合することができたのである．こうして「がまんだ，がまんだ」であったA子は，自分自身の本能，欲望も生き生きと自分自身の一部として認め，これを生きることができるようになったと考えられるのである．

このように遊びの中で感情が表現されるとき，それは現実に起こったことの回想ではなく，心の中の生き生きとしたファンタジーが遊びとして立ち現れる．セラピストは，イメージをやりとりする遊びの中で，感情をともに生きるのである．「遊び」という言葉から，なぜか「真剣」に取り組まなくてよいものと思われる誤解が生じてしまいがちである．遊戯療法において子どもたちがいかに真剣に遊んでいるかを確認していただければ，この遊びの空間を提供するセラピストも，どれほど真剣に遊びにうちこまねばならないかが自ずと明らかとなるだろう．

7.4 子どもの心の成長と神経症

　成長と言えば，のびやかで，晴れやかなイメージが連想されるかもしれない．しかし，心の成長は，その当事者の子どもたちにとって，実際には，つらい過程として体験されることが多いように思われる．成長することで，昨日できなかったことが，今日はできるようになる．昨日は感じていなかったことを，今日は感じるようになる．しかし，それは私たちが昨日の私と異なる新たな私となることであり，これまでの自分を手放し新たな挑戦に立ち向かうことを意味している．この心の成長過程を引き起こすのは，子どもたちに内在している潜在的可能性，子どもたちを本来の自分らしい成長へと誘導するオーガナイザーなのである．このオーガナイザーを，ユング（Jung, CG）は，セルフと呼んだ．ユングによれば，無意識の領域には，体験しながらも自ら抱えておくことがつらい体験や感情ばかりではなく，まだ生きられていない，その子ども本来の可能性が潜在していることになる．その個体特有の本来の可能性が少しずつ姿を現し，その個体特有の人格が形成されていく過程を，ユングは個性化（individuation）と名づけた．この子どもの心の個性化過程について，フォーダム（Fordham, M）[6]は，徐々に自他が分化されてきた子どもたちにおいて自我が，おぼろげに無意識から立ち上がり，脱統合と再統合を繰り返しながら生成されていく過程としてとらえている．

　子どもたちの柔軟な心が，新しい可能性に対して開かれ，未知の世界へとチャレンジしようとするとき，心の成長は進行する．しかし実際には，その成長は，当事者にとって，相当な不安や痛み，つらさを伴うのである．少なくとも，これまでの自分ではどうしようもできない無力感を体験し，そこから自我そのものの変容が起こってくる過程においては，先の見えない不安を避けることはできない．

　成長ゆえに，これまでの自分のあり方が通用しなくなってどうしようもないと

いう絶望を感じている子どもたちが，その変容の過程として神経症の症状を呈することもあるだろう．

　新たに自分に統合されようとする可能性は，これまでの自我にとっては，なじみのない異質の要素となる．異質の要素が，新たに自我の領域に迫るとき，それは自我にとって侵入として体験され，これまでの秩序の崩壊の危機として体験されることもあるだろう．そんなとき，強力な防衛が発動し，理性では理解し難い神経症の症状が発生する．自我にとっては理解不能で，対処できない，神経症の症状は，まさに，心において新しい可能性が発現する予兆であると言えるだろう．

　子どもたちは，すべてを母親に委ねる心地良いこの母子一体性から分離し，個体化していく存在である．したがって心の成長とは，これまでの安全に守られたあり方からあえて離脱し，自らの主体性と責任を自ら引き受ける，主体的なあり方を引き受ける厳しい過程なのである．

　子どもたちが，この厳しい個体化に進んでいく背景には，実は母子一体性においては，自分自身の欲求の満足を100%他者に委ねている状況であり，実際には，その欲求が必ずしも常に思いどおりになるわけではないという現実が存在している．

　自分自身の欲求がかなえられないとき，激しい怒りを込めて力いっぱい泣き叫ぶ生後6か月までの子どもたちの体験世界を，英国の児童精神分析家であるクライン（Klein, M）は，妄想的・分裂的ポジションと呼んだ．

　クラインは，妄想的—分裂的状態を，投映と取り入れの機制に結びつけた．この概念はどのように子どもが迫害不安を，世界に存在する唯一の対象である「おっぱい」に投映するかということを説明するのに役立つ．このように，クラインは，「おっぱい」を迫害的で，外部にあるコントロールできないものとして体験されていると述べた．その後，「おっぱい」は未発達な自我に取り入れられ，そこで内部の迫害者，すなわち「内なる破壊的な衝動の恐れを強めるもの」[7]となる．しかし，実際には，「おっぱい」は授乳の間，子どもに喜びと満足の強い感情を与える．クラインは，子どもは「おっぱい」を2つの全く異なった感情を与えるものとして経験し，その結果，「おっぱい」は2つの対象，「良いおっぱい」と「悪いおっぱい」に分裂するのである．そのためこのプロセスは，理想化と否認とに関係する．迫害的な不安が体験されるほど，「おっぱい」の良い面は誇張され，その結果，尽きることのない満足をもたらす理想的な「おっぱい」が出現

する．それと同時に，欲求不満の中で体験される「悪いおっぱい」と辛い感情を否定する相補的なプロセスが進行するのである．この理論によれば，この段階の赤ん坊の体験は，理想化された良い体験か，どうしようもない怒りの体験の二極に分裂してしまう．

赤ん坊の激しい怒りの叫びを聞いた養育者は，赤ん坊のもとにかけつけて，空腹なのか，オムツが気持ち悪いのか，お腹が痛いのか，いろいろ考えられる状況への対応を試みる．その結果，赤ん坊は求めるものを与えられ，ようやく元の一体感のまどろみの中に還っていくのである．このような大人たちとの相互的交流によって，子どもは自分たちの欲望が必ずしもスムーズにかなえられるわけではないこと，思いどおりにならない現実が存在することを知り，思いどおりに動いてくれないウィニコットのいう非一我[8]としての「他者」の存在を知ることになるのである．

やがて6か月を過ぎたころ，赤ん坊は激しい怒りの対象も，理想化された愛に

表7.3 クライン学派的な視点でとらえた子どもの心の発達段階（文献[9]を参考に作成）

該当時期	心理的特徴
新生児 0～6か月	愛情と憎しみの間の分裂がこの時期の特徴である．前者は喜びや楽しみに関係し，後者は怒りや破壊・破滅への恐れ，羨望に関係し，妄想的・分裂的ポジションと呼ばれる．
6か月～1歳	抑うつポジションに移行と関連して同じ人物に対して愛情と恨みを向けられるようになる．"過渡対象"が用いられるようになり，遊んだり，考えたり，内省する空間が提供される．分離不安とともに償いたいという願望が出現する．自己の核が，心理的な分離—個体化とともに発達しはじめる．
1～3歳	分離—個体化が続き，自律性の発達をもたらす．この時期，両親に対する激しい性的感覚がある．男児は母親をめぐるライバル意識を感じ，女児は母親の羨望を感じると言われている．万能的な空想や行動，「すべて私自身でできる」と思い込む危険が生じ，かんしゃくや見捨てられる不安につながる．
4～6歳	性別の違いに気づき，それを容認すると言われている．きょうだい葛藤が深まる．思考は具体的，魔法的，時間超越的，アニミズム的である．感情は，象徴を通して具体的思考に関連づけられる．
6～10歳	潜伏期と呼ばれる．この時期，自律や社会化，技術の早期獲得，万能感が放棄され，傷つきやすくなり，劣等感が高まる．思考はいまだに具体的である．この時期に起こり得る問題は，孤立，抑うつ，空想世界への逃避である．

あふれた対象も同じ1人の養育者であることに気づきはじめ，以前のように，相手に怒りを思いきりぶつけることができなくなる．それは，空腹の中で怒りを叫ぶ自分とゆったり満ち足りている自分が，同じ1人の自分であることの気づきにもつながる．怒りを周囲にまき散らして泣き叫んでいた時期に比べると，怒りを抱え，怒りに耐え，あるいは怒りをぶつけてしまった罪責感に苦しむようになり，その泣きには「悲しみ」が漂うようになる．クラインは，この体験世界を抑うつ的ポジションと名づけた．こうして1歳を迎えるころには，赤ん坊は，自分の激しい怒りを，自分で抱えはじめており，怒りをぶつけてしまった罪責感や悲しみを抱く器としての個の心が成立していることが感じ取られるのである．

このようなクライン学派の，子どもの心の発達段階をまとめたものが表 7.3 である．

クライン学派の視点からは，心の体験は元来，ポジティブとネガティブの両極を持ち，その間を揺らぐものであると言えるだろう．しかし，自我の成長とともに，そのネガティブな側面は意識の外側に追いやられてしまい，追いやられたネガティブな側面は，自我の外側から自我の安全性を脅かす不安として体験される．この不安が神経症の様々な症状を出現させると考えられるのである．

A 子の事例に再び戻ると，A 子にとって，自我に統合されていなかった，ネガティブな感情は，台の下に落下していたおもちゃであり，カタツムリの便器に溜まっていたうんちであった．これらを拾い上げ，器にいったん収め，外に弾き飛ばすことによって，A 子自身の生き生きとした感情がようやく自由に表現されるようになったのである．A 子は『がまんだ，がまんだ，うんちっち』の絵本について「うんちしたくなるんやけど，どこのも戸がひらけへんで，パンツの中にしてしまうねん．でもお母さん許してくれはる」と語ることで，その表現（うんち）を，お母さんに許してもらえるイメージを語れるようになるのである．

7.5 神経症の治癒をもたらすイメージの役割

神経症の心理療法的アプローチである遊戯療法においては，自我の機能があまりに偏っていてその個人の人格の全体的な発展を阻害していると考えられ，自我機能を越えた領域を活性化する必要がある場合には，これまでの偏った自我のあり方を超越する必要性がある．このように自我を越える心の内発的な治癒機能を重視するとき，合理性の枠にとらわれない非言語的なイメージによる表現が重視

される．とくに個体の自我機能がまだ十分発達していない子どもの心理療法では，イメージを用いた手法が有効であろう．A子の事例で紹介されたような，自発的な遊び，箱庭療法，描画などが，広く用いられている．イメージを媒介とすることで，無意識の内容を表現し，コミュニケーションでき，自我は，無意識からのメッセージを受け取ることができるからである．心理療法的アプローチにおいて「変容や再生をもたらすのは，自我の直接的な力によるものではなく，自我ができ得る最大限のことは，その過程に自身を解放すること」[10]と言われている．自我にとって，その過程にオープンでいるためには，まずは無意識から浮かび上がってくるイメージを大切に受け止め，これを表現することが重要なのである．

　イメージを治療的に活用する際に留意しておきたいその特性として，<u>具象性</u>，<u>直接性</u>，<u>自動性</u>，<u>多義性</u>，<u>象徴性</u>があげられる[11]．一般に多くのイメージ作品は，具体物のイメージを媒体として，ある心的体験を聴衆に伝える．まず，これがイメージにおける<u>具象性</u>である．また，その具体物は視覚像だけでなく，聴覚，嗅覚，触覚など，多様なモードの感覚に直接に訴えかける<u>直接性</u>を持つ．さらに，イメージはイメージの連鎖を生じさせ，動きを伴い，随伴する感情体験を引き起こす．これをイメージ自体が展開していく<u>自動性</u>と呼ぶことができるだろう．また，それらの対象に付与される意味は1つに限られない．たとえばある具体物のイメージが何を意味するのかという説明は，おそらく無数にあり，そのどれもがある部分を言い表す．すなわち，ある具体物のイメージは，様々な意味を含み持つ<u>多義性</u>を持つのである．イメージを扱うことで，私たちは，あるまとまりを持つ意味群を一括して扱うことができるのである．現実の体験そのものは，常に多義的であり，イメージは，その体験を多義のままで扱うことを可能にするとも言えるだろう．さらに，イメージの持つ<u>象徴性</u>は，言語の表現では扱えないものを対象とすることができる．ユングの「人間の理解の範囲を越えたものが無数に存在するのだから，われわれは，定義できないものや完全に理解することができない概念を表現するために象徴的言葉をしばしば使用する」[12]という論によれば，イメージは，象徴を表現する可能性を持つのである．

　さて，イメージの心理療法的機能として，グリーンハルフ（Greenhalgh, P）[11]は次の3つの機能をあげている．
①心的内容の伝達機能
②感情体験のコンテイニング機能

③心理的葛藤の解決・新しい可能性の発見機能

　以下に，①〜③について説明し，A子の事例より，イメージが，遊戯療法場面において伝達機能，コンテイニング機能，葛藤の解決や新しい可能性をもたらす機能を果たした具体的なエピソードを紹介したい．

　まず，①の心的内容の伝達機能は，イメージの具象性，直接性を背景としている．心理療法において，最も基本的な原則はクライエントの内的体験，主観的体験に焦点を当てて，これを了解することである．クライエントの内的体験を了解するためには，その言語的表現だけでなく，イメージを媒介とした表現が大きな助けとなる．具象性を持つイメージは，直接にプレイセラピストの感覚に訴える可能性を持つのである．

　A子の遊戯療法において，吹き鳴らされたラッパの音は，A子の中の激しい感情が，今にも飛び出そうとしていること，そして，それは新たな心の成長の幕開けを告げるファンファーレのように感じられた．また，台の下のおもちゃを拾い上げて，そのおもちゃを「ちくしょう，ちくしょう」とつぶやきながら，スカイピンポンに詰め，弾き飛ばしたA子の行為から，A子がこれまで意識の外に追いやっていた「もの」が，「吐き出し」たいほど嫌なものであることが切々と伝わってきた．背中を向けて黙々と「吐こう」とするA子の孤独な背中に対して，セラピストは思わず「こっちに飛ばして！」と声をかけたのである．これらは，A子のイメージ豊かな表現によって，A子の心の体験がセラピストに生き生きと伝わってきた例である．

　②の感情体験のコンテイニング機能とは，イメージ自体が感情体験の受け皿となり，イメージの媒介によって，感情の体験が持ちこたえることを指している．そこでは，通常持ちこたえることが難しい激しい感情の体験が対象となる．また，「収める」イメージ，器のイメージが重要になるように思われる．たとえば，箱庭療法において箱が持つ機能，風景構成法をはじめとする描画法における枠の機能が，これにあたる．A子の事例においては，箱庭やマグネット黒板での描画がA子の感情の器として機能した．箱庭には，甘い果物への憧れ・ミルク・親子（依存への求め），かごの中の卵（新しい可能性），ライオン（激しい攻撃性），遊ぶ小動物（自由に遊べるエネルギー）などA子の心の様々な要素がいっぱい，いっぱいに詰まっていて，しかし，それが大地と外界に接する部分に壁が形成されていることから，母なる世界や外界とつながることができないA子のつらさ

もしっかりと表現され，作品の中に収められていた．マグネット黒板の枠いっぱいに描かれた人物像の手足は長く，ぐんぐん伸びたいA子の成長への意欲を感じ取ることができた．両手につながれた2匹の犬は，そんなA子の本能的なエネルギーの豊かさとともに，それが彼女のコントロール下にある状況が表現されている．さらに右端に一列に並べられたウサギは，外界に対するA子の警戒心を表現している．マグネット黒板も，箱庭の砂箱と同様にA子の心の体験の器としての役割」を果たしていた．

　③の心的葛藤の解決・新しい可能性の発見機能は，イメージの自動性によって，イメージの流れの中で葛藤の解決や新しい可能性が見出されていくことを指している．A子の遊戯療法で登場した「便器に落ちて戻ってきたカタツムリ」は，A子の成長と場面緘黙の症状の解消を予非していた．また，セラピストと互いに与え合った食物をスカイピンポンでもぐもぐと摂取し，互いに首飾りをつけたことは，A子とセラピストとの「契り」「結婚」を思わせた．保育園のB子先生と同じく，セラピストもA子にとっては成長した女性像として同一視の対象になったのかもしれない．これもA子の新しい可能性が開かれることを予示するイメージ表現であった．この時点で封じ込められていた豚が誕生すると，A子は「ばくばく，おいしい！」とごちそうを食べられるようになった．遊びのイメージの流れの中で，これまでA子の心の中で，抑制されていた本能的な生きる力の復活がかなったのである．　　　　　　　　　　　　　　　　　［吉川　眞理］

文　　献

1) Freud S：Analyse der Phobie eines fünfjährigen Knaben (Der kleine Hans). Jahrbuch für psychoanalytische und psychopathologische Forschung. Bd. 1. Heft **1**：1-109, 1909（懸田克躬訳：ある五歳男児の恐怖症分析（フロイト著作集　第五巻）．人文書院：1969）．
2) Freud S：性欲論三篇：1905.
3) Winnicott DW：The theory of the parent-infant relationship. *International Journal of Psycho-Analysis* **41**：585-595, 1960.
4) Axline VM：Play Therapy：1959（小林治夫訳：遊戯療法．岩崎学術出版社：1972）．
5) Kalff DM：Sandspiel—Seine Therapeutische Wirkung auf die Psyche. Zurich. Rascher Verlag：1966（河合隼雄監訳：カルフ箱庭療法．誠信書房：1972）．
6) Fordham M：Children as Individuals：1969（浪花　博，岡田康伸訳：子どもの成長とイメージ．誠信書房：1976）．
7) Klein M：Notes on some schizoid mechanisms. *The International Journal of Psychoanalysis* **27**：99-100, 1946.
8) Winnicott DW：Transitional objects and transitional phenomena：a study of the first

not-me possession. *International Journal of Psycho-Analysis* **34**：89-97, 1953.
9) Trowell J：The Development Perspective, Presentation to the Advanced Course in Consultation to Individuals, Groups and Organisations. The Tsvistock Clinic：1990.
10) Donnington R：Wagner's 'Ring' and its Symbols. London. Faber and Faber：1963.
11) Greenhalgh P：Emotional Growth and Learning. London. Routledge：139-166, 1994.
12) Jung CG et al：Man and His Symbols. London. Aldus：124, 1964（河合隼雄監訳：人間と象徴．河出書房新社：1975）．

8 不登校をめぐる問題

　不登校は，学齢期にある子どもたちの不適応現象として最も見られる現象である．不登校の問題は，わが国においては1950年代の後半から見られるようになったが，その数は1970年代頃から急速に増え続け，わが国の教育の場において最も大きな問題の1つとなっている．

　経済的な理由や単なる怠学とは異なる，「学校に行かない」「学校に行きづらい」「学校に行きたいけれど行けない」という現象は，アメリカのジョンソン（Johnson, AM）ら[1]によって「学校恐怖症」と呼ばれ，その名前はすぐにわが国にも輸入された．当時は，彼らは学校そのものを恐怖しているのではないと考えられて「登校拒否」という名称が用いられるようになった．しかし，彼らは決して登校を拒否しているのではなく，原因や状態像も様々であることから，現在では「不登校」という言葉が使われている[2]．また，不登校を意味あるものとしてとらえられたものとして，「内閉」という観点がある[3]．これは，不登校を「内閉」として積極的意味を有するものとしてとらえたものである．

　不登校の多くは，神経症的葛藤を持っているが，葛藤があるのかないのかがはっきりしない場合が増えてきている．不登校に伴う症状としては，朝登校しようと思うと，頭痛や腹痛，吐き気などの身体症状を訴えるが，登校を促さなければ，そして学校を休むことがはっきりするとそれらの症状がなくなるということがよく起こる．また，強迫症状，心気症状などの症状や家庭内暴力が見られることもあったり，とくに他の症状は見られず，家の中では，元気に過ごしており，学校に行かないということを除いては，一見何も問題がないように見える場合もある．

　不登校は，文部科学省によれば，「何らかの心理的，情緒的，あるいは社会的要因・背景により，児童生徒が登校しないあるいはしたくともできない状況にあるため年間30日以上欠席した者（ただし「病気」や「経済的理由」によるものは除く）」

とされている．しかし，実際的には 30 日以下の欠席であっても，断続的な欠席が繰り返されていたり，適応指導教室や教育相談，フリースクールへの通所も出席日数に数えられていたりすることも考えると，単に欠席日数では計りきれないものがある．また，不登校の人数は，年々増加してきており，要因には，発達・家庭の問題・親子関係・性格などがあげられるが，その要因と背景についてもより輻輳的になってきている．支援体制について，様々な取り組みがなされてきているが，それらについてもより複合的なものとなってきている．そういった中で，不登校という状況をどうとらえるかという視点は重要である．不登校が引き起こされる要因は様々であろうが，なぜ不登校という状況として表現されているのか，その状況をしっかりとアセスメントしていくことが重要である．

本章では，不登校という状況となった中学生女子との教育相談の関わりを振り返り，不登校という事態をどう考えるのか，そして，学校・適応教室・教育相談という関わりの中で，とくに，教育相談という心理面接の中でどのように回復していったかを明らかにしたいと思う．

8.1 事例を通して

以下に，中学生女子の事例を取り上げる．彼女は，小学校 5 年生時にいじめにあい，およそ半分ほど学校を欠席していた．6 年生時は担任との関係性が良く登校は続いた．しかし中学生になって自殺未遂を起こし，その後不登校となった．その背景には，家庭環境や解離性体験，男性性への同一化などが輻輳的に絡んでいた．彼女は，カウンセリングの経過において，これまでの自我体験を語りながら様々な変容を遂げていった．また現実的な支援体制（適応指導教室や別室登校）によって集団生活や同世代との体験を通じて，進路を決定し高校への進学を決め，学校へと復帰していった．この事例の経過を通して，その回復過程を述べたい．

a. 事　例

Ａさんは両親との 3 人家族であった．彼女が教育相談に来所するきっかけとなったのは自殺未遂であった．両親は彼女が幼いころより不仲で，母親は離婚を考えていたこと，彼女が小学校 4 年時には，母親には「特別な人」がおり，彼女が自殺未遂を起こしたときも母親は自宅には不在であったこと，また，彼女は，自分のことを「俺」と呼び，2～3 歳頃に「俺」と「本体」が入れ替わったこと

などを語った．また，幼児期，母親に結構叩かれ，小学校5年のときに学校でいじめられて半分くらいは学校を休んでいた．このころから，「死にたい」と思った．小学校6年のときに担任との関係が良く，学校へは登校していたという．自殺未遂は，母がいつもAを連れて「特別な人」のところへ行くのだが，この日はAが行くのを断ったという日に実行された．父親は一緒にいたにもかかわらず，Aの様子には気がつかなかったという．

Aの臨床像　黒ずくめの服装で，中肉中背で少年っぽい感じ．時折，はにかんだような笑いを見せるととても女の子らしい．

経過　中学1年の夏休みから中学3年の卒業時まで，週1回，母子並行面接（母親の面接と子どもの面接をそれぞれの担当者が実施）で全98回の面接を行った．以下，インテーク，中学1年，中学2年，中学3年の各期に分けてその経過について記述する．そして，その後のAの様子について述べたい．

以下，Aのことばは「　」，筆者（以下Thと記す）のことばは〈　〉内に表記する．

b.　インテーク

椅子に座るとまっすぐに正面を見つめて目が合う．少し緊張感と硬さが伝わってくる．気がかりなことをたずねると，「俺と本体がいること」と言って，以下のことを語った．「俺は，いつもいる俺．本体は眠っている．3歳のときまで本体で生きていたが，タンクのようなものの水面に女の子が浮いているのを見て俺が生まれた．そのときに俺と本体が入れ替わった．」「3歳頃から，少しずつ他の人格も生まれてきている．生まれてきたものは何も知らないから俺が教えている．勉強とか．俺が支配して，名前もつけている．本体はストレスを溜めるやつで，家庭環境とか悪かったし，今回本体は死にたいと，俺はあんまり死にたいと思ってなかった．」「死にたいという気持ちは今まで感じたことはある．小学校5年生のとき，いじめというかいろいろ言われた．そのときに死にたいと思った．」「小学校6年生のときはマアマア楽しかった．中学で俺と本体にとって友達ができた．本体はその友達と話すことによってストレスが解消できるようになった．でも今回は間に合わなかった．他の人格なども死ぬことに同意．この同意がなかったら行動できなかった．」「助かったことについて，本体はもうしないと，他の人格には「まだ生きてる」というやつもいるけれど，もう死なない．どうして今回は同

意に至ったかはわからない．」「家族は，父親と母親との3人家族．母親には特別な人がいる．俺はこの町からは離れたくない．中3までには死のうと決めていた．趣味は漫画．いろいろ資料を集めたりするのが好き．」

　現実を淡々と語るA．Aの中にいる多くの人物は，Aが内と外とのバランスのためには必要なものとして生まれてきたものではないかと感じられた．一見男性に同一化しているように思えるが，自らを守るためのもので，女性性を拒絶している感じではないように思われた．

c．中学1年　#1～#19（#数字は何回目の面接かを表す）

　「私服はいつも全身黒」．一番好きな色は黒だという．性別もわからないことがあって，人に間違われたことがあるのだと愉快そうにそのエピソードを話した（#1）．学校は，4年生の頃からチョコチョコ休んだ．4年のときの担任が職業として先生を見ているような感じですごく嫌だった．3年のときの担任は上からものを言う感じで圧迫感があった．友達とも付合いがなかった．今の友達が初めてかも．昼間より夜の方が落ち着く．夜の方が静かだから．でも夜は怖い．幽霊が見える（#2）．「最初から見えている」0～5歳と10歳～は見えている．でも5～10歳の間が見えなかった．「この前も"きれいな空だ～"と思って見上げたら女の人が昇天していくのが見えた」〈きれいな空を見上げてきれいだなあと思っているのに霊も見えたんだね〉「見たくないのに見えるのが普通．ちょっと重くなる」（#6）．「学校はしんどい．勉強がわからないし，席が一番前やし眠れない．」〈保健室とかは？〉「しんどいときとかじゃないと行けないし，保健室の先生はあんまり好きじゃない．だから保健室には行かない」学校とか大勢の人のところに行くと自然に気を使ってしまう．「小5は最悪だった．もし昔に戻れるとしたら，保育園時代とか戻ってみたいと思うけど，小5をもう一度しないといけないんだったら戻りたくない．」「小6は良かった．先生が"おいでや"と家に来てくれた．すごく嬉しかった．給食も"食べに来いよ"と誘いに来てくれる．」「学校行って忘れられてたら～とか不安．学校行く朝，そんなことやらをほ～っと考えてたりすると，なんだか身体もだるいしもういいか～と行くのをやめて寝てしまう．」（#5）と学校を巡っての葛藤を表現した．家でも気を使ってる．〈家でも？〉「うん．気が抜けるのは一人になるとき．トイレとかお風呂とか．あと寝る．寝ると何も考えないし」と，学校でも家でもしんどい思いを話した（#4～#6）．一方

で父親は「尊敬している．仕事を何十年間も続けているのに40度くらいの発熱で一度休んだだけ．このことはすごいと思う」と父親を社会とのつながりの中でイメージしているようであった．学校から別室か適応指導教室かという話がなされるようになり，Aは適応指導教室への参加を決めた（＃11）．

　Aは，適応指導教室の同級生と接しはじめると身体の話を始めた．Aの女性性に言及するようにも思えた．Aは「スポーツで筋肉がついた．」と胸の辺りを触ってみせたり，「スポーツをやるようになってから筋肉がついた．脂肪が減って筋肉がつくとなかなか落ちなくなるから嫌．」「筋肉がついてきた．でもおしりはぷよぷよだ．外から見て女に見られるのが嫌」とも話した（＃13，＃16）．「外から見て女に見られるのが嫌」〈どういう嫌なんかな？〉「不審者情報とかあると夜歩くのが怖い．不審者が女性として見るのが嫌だから，だぼっとした格好してる．胸も見せたくない」と話した．

　そして，生まれたときから見ている幽霊の話を語った．「産院で生まれて新生児ベッドに寝ているとき，生きているあの人に会っている．その後その人は亡くなっている．本体から俺がぽんと生まれたときをあの人は見ている．1人で泣いているところも見られている．でも頭をなでてもらった．ほっとするような安心するような．見えなくなったらどうしようかと不安．節目のときに見えたり見えなかったりするから」と言う．Aを抱えるもう1人の"自己"の存在のようであった．

d.　中学2年　＃20〜＃60

　Aの身体について語られる．好みの服は黒だと話しながら，黒の骸骨ロゴのTシャツの中に黒のレースのキャミを重ねたりするようになる（＃26）．「着てみようかなって．」また，同世代との関わりの中でも，「俺は筋肉で，でも友達は脂肪だ．脂肪がとれたら胸がなくなる．」（＃23）「性格が自己中．周りのみんなもうざく思っている．」と他者との間の違和感を話す．そうして「何でみんな化粧するんかな．俺思春期もう終わっちゃったんですよ．カラカラなんだ．しおれている．」と思春期を生きることへの羨望ものぞかせた．「自分は甘えるのが苦手．人に相談できない．その人の重荷になるんじゃないかって．」という思いを語り，現実の場面では，自転車に乗っているところを警察官に職質をされた際に，なかなか母親が迎えにきてくれずに，「捨てられたん違うかってすごく心配して涙が

出そうだった」というAの甘えと見捨てられる不安をのぞかせた．また，日記を書きはじめたAは，同世代の女子への思いを言葉で綴りはじめた（#30）．そこには，今はやりのアイドルの話とか「女の子の気持ちがわからない．自分は年より幼く子どもっぽく若く見られたい．でもみんなは大人に見えるAに対して「いいなあ～」と言うらしい．「わからない」とA．甘えについても，「家族にも友達にも自分のゆるんだところを見られたくない．自分は人に甘えたくない．」甘えたら甘えられた人がしんどくなる．つぶれるんじゃないかと思う．人との距離を近づけたくない．近づいたら傷つけてしまうから．傷つきたくないし，傷つけたくない．「俺は嫌われ者がいい．」嫌われていたらそれ以上がっかりすることないし．「友達…友達ってなんやろうな．でもいなかったら寂しいなあ」と初めて"一人でいる"ということへの孤独感を言語化しはじめた．

「面倒は最近の適応指導教室で思うこと」として，そこでの人間関係は面倒でうっとうしいという（#55）．「最近頭の中の引出しがごちゃごちゃしてうまく開けられない．引出しを開けても中に入っているのを間違えたりする．」と語りながら，ざわざわした感情を抱えながら，現実を生きている感じが伝わる．そうして，「最近，大きな目玉が家のお風呂の前の暗い廊下のところに見えた．最初CDがあると思ったら，瞬きをしたので目玉だとわかった．最近ラップ現象が起こる．TVの下の台の扉がパターンと開いてくる．」とあふれてくるAの不安な感じは，Thとの面接の中で，霊の体験として語られた．その体験を通じて，Aは「今までぴしっと通っていた心の線がしなやかになってきた」と語り，今までとは違う心のありようが表現された．

e.　中学3年　#61～#98

中学3年を迎えたAは，将来や進路について語りはじめた．将来の話では，「仕事は，死体を扱う仕事をしたい．死体を修復するような仕事に就きたい．」その理由として「みんなが嫌がる仕事だけれど，そういう仕事がいい．死体は自分にとって近い」と語った．以前は，"自殺企図"という行動によって"生きる""存在する"ということを表明していたAであるが，"死体"を扱うという将来の仕事を語るという形によって，生を感じるという様相に変容したと思われた．いわば，AとThのいる"場"が器として機能しているとも言える．そして「3年やし，週1日別室登校しようかなと思っている．」と学校の世界へも一歩踏み出し

た（#63）．別室や適応指導教室での同世代との関わりの中で，「自分がない」ということに気がついたとAは語る．「みんなこれからの高校のこととか，高校に入ったら彼氏を作るとか，いろいろ将来のこととかを話しているけれど，自分にはない」「将来何するとか，自分にはない．」「小さい頃から子どもができなかった．親だった．」と語りながら，「だるい」「なんだかしんどい」と身体の不調を訴えた．自分にはみんなにはあるものがないということを通して，「自分にはない」＝「自分がない」という表現となった．この「子どもになれず，親だった」という思いは，Aのありのままでいることを許されなかったという怒りとして意識されるに至った．そして，その怒りは身体の器で受け止められ，身体症状として表現された（#70）．そしてAは，携帯のブログに小説を書きはじめる．20代の男とおじさんの話で，おじさんは，最初，男に対しては冷たいが，なんだかんだと男を受けいれてくれる．男はAを映し出しているようで，ぐっと受け止めてくれる人間関係を小説の中で表現している印象であった．そして，これまでは小説を公開せずであったが，ブログという手段を通じて表現するようになった（#75）．また，他にもイラストや詩という，ファンタジーの世界の表現を通して，"自分"という素材を表現しはじめた．それらの作品は，Thとの間から，外の世界へと広がった．イラストを出版社に送り，しばらくして，入選はしなかったが，「体の書き方とか下手やし，頑張りたいし．」と，"自分"を評価してもらえる手段としての自信を得たようであった．"卒業＝別れ"を意識されるようになると，「俺は消えるようにいなくなりたい」や「3月には"Aさん？　そう言えばそんな子がおったなあ"みたいな感じがいい．」と別れるということに向き合いはじめ，徐々に距離を置いていきたいとも話す．Aが，人とつながりたいと希求すればするほど，「存在を忘れられるのではないか」という不安が強くなるとも感じられた．そうした思いその感じはThとの関係においても持ち込まれているのではないかと感じられ，Aの不安に寄り添いながら，別れについて話を続けた．そして，Aは「人とはあまり距離を縮めない．相手にも重たくなるような感じが嫌」という一方で，同世代の友達に対して，「自分を傷つけながら，その傷を気にしている子がいる．甘い．はっきり言って嫌い」と攻撃性を向ける．そのプロセスの中で，最近見えなかった幽霊に会う．「白い人が，家の隣の敷地に一人うずくまって座っている」と話した．そのうずくまっている姿は，Aの"いま"の姿でもあるように思えた．その後，最近，幽霊を見るが，「目の前に白いものが出てくる」という感じで，

前は，人魂とかも見れていたけれど力が弱くなったという．「いっそう，力が強くなればいいのかな．」と話し，〈見たいものだけを見るように？〉という Th の問いに「でもそうはうまくいかない」と，見たくないものも見えてしまうことがあるのだという．それは，まるで A のこれまでのあり方とも重なる＝子としてあることが許されず，両親から見せつけられる世界にいる，ということのようでもあった．

いよいよ進路を選択する時期となり，A は「早く自立したいから，バイトして学校へ行きたい．」と定時制の高校への進学を決めた．適応指導教室での"お別れ"をしっかり経験し，卒業証書を手にしていった．

f．その後〜

A は，定時制の高校に進学後，「自立したい」という言葉どおり，スーパーでのバイトを始めた．そこでは，A の母親や祖母と同世代のおばさんたちから，仕事場での知識を教えてもらうという体験を通じて，日常の決まりごとや食物の話などを得ていった．その体験は，"母""家庭"から与えられるものを外の関わりの中で得ることになったように思う．

A は，休むこともなく真面目にバイトを続け，そこでの評価も高く，また，学校も続け，3年間で高校を卒業した．卒業後は，正規の職員として企業に就職した．

8.2 考　　察

a．A の不登校

A の不登校は，小学校の 5 年生のいじめがきっかけで始まる．一般に，小学校 5 年という思春期の始まりの時期には，心と身体の変化は個人差が大きくなる．これまで"家族"という集団の器に抱えられて，"自尊心"や"自信"，また"劣等感"を体験して，人それぞれに考え方や感じ方，行動力に"違い"があることに気づいていく．それは自分が期待されている役割を認識したり，他者に対する思いやり，共感を発達させることにつながる．家族から同世代の仲間集団へという"仲間集団を生きること"が課題となる．そういった発達段階の中では，仲間集団はその同質性を強く求め，異質なものを排除しようとする方向へ強く傾く．その状況が，仲間外れであったり，いじめという状態を生み出す．いわばこの時期の発達段階にどうしても発現してくる状態とも言える．このとき，子どもを支

えるのは，"劣等感"という体験，"自尊心""自信"，他者との違いの気づきを通しての思いやり・共感であり，自己の成長である．これらが，様々な要因，環境の中で，集団生活や外界と関わることが難しくなったとき，意欲が低下し，不登校という状況に陥る．

　Aは，ちょうどこの時期にいじめを体験する．それは，これまで，"人と共有できない固有な体験"，自分の中でも"異質な体験"としてあったものが，現実の世界の中で"いじめ"として体験させられたものと考えられる．いじめ体験によって傷ついた自己は，本来，親を含めた家族に支えられるものであろう．しかし，Aの家族は，Aの不安や体験を抱える器としての機能が果たせておらず，Aの不安は外界においても抱えられず，「不登校」という症状として表現されたと考えられる．小6になって不登校という状況は回避されるが，これは，Aが「小6は良かった．先生が"おいでや"と家に来てくれた．」「学校行って忘れられていたらとか不安」と語っているように，Aの存在を保障するような対象として担任が存在し，登校へとつながった．しかし，その関係性は脆弱で，常に「忘れられる＝この世から自分が消えてしまう不安」を抱えながらであった．現実の世界，外への世界へ関心を向けられる力を少し得たAは，中学入学を迎えた．中学で，1人同世代の友人を得たAは，"自分は違う"という独自性を共有できる体験を持つが，それと同時に，不安は大きくなり，「死にたい」という状況となった．未遂であったが，Aのこの世に存在するという身体の証明であったようにも思える．その後，Aは，適応指導教室という，学校外にある"学校"で，様々な体験をしていく．女の子集団に触れることによって，身体の変化に気づく．それをAは"筋肉"ととらえる．そして，「身体は預かっているような感じ」であり，「夜に歩くのが怖い」と身体の女性としての変容に不安と侵入される恐怖感を感じていた．その不安と恐怖は，具体的な人間関係に映し出されることによって，実体のあるものとして触れられるようになっていくプロセスをたどった．それは，黒づくめのユニセックスであったAの服装が，黒いレースのキャミソールといった女性的な印象へといった服装の変化にも見られた．そして変化のプロセスは，身体イメージの変容とともに，Aの自己への気づきへと向かう．「自分は甘えるのが苦手．その人の重荷になるのではないか」「家族にも友達にも自分のゆるんだところを見られたくない．」「人との距離を近づけたくない．傷つきたくないし，傷つけたくない」という人と関わることへの希求と恐れが語られるよ

うになる.「友達って何だろう?」「でもいなかったら寂しい」と, 他者と接触を求める親密への要求が表現されるようになり, 本当に"一人でいられる能力"[5),6)]を必要としはじめる.「女子の関係は面倒」と話しながらも,「今までピシッと通っていた心の線がしなやかになってきた」と, その「面倒な」関係の世界に身を置くことができている印象であった. 中学3年になり進路の話に伴って,「みんな将来のこととかを話してるけれど, 自分にはない」「将来何するとか自分にはない」と話し,「自分は小さい頃から"子ども"ができなかった」と, 自らの家族の関係性に気づきはじめる.「みんな, 自分を大人っぽいと言うけれど, 自分は好きでそうなっているのではない. あの家ではそうしないといられない. 子どもになりたい」と甘えを率直に表現した. しかし, 一方で, そうはならない, ならなかった親への内在化された"怒り"は,「だるい」「なんだかしんどい」という不定愁訴として, 身体の器で"心"を受け止めているようであった. 現実的な選択として,「バイトをしながら勉強する」と進路を決定し, 定時制高校へと向かっていった.

　Aの不登校は, 子ども時代に子どもを生ききれず, 感受性のあまりの豊かさに, そして一生懸命に良い子であったばかりに, 自己を生きるということができなくなってしまった状態であるように思われた. 同時に不登校によって, それ以上, 頑張って自己が壊れないように自らを守ったとも言えるのであり, 98回継続された本面接は,「自分を生きる」という過程であったように思う.

b.　Aの解離性体験と"霊"の世界

　Aは,「3歳のときまで本体で生きていたが, タンクのようなものの水面に女の子が浮いているのを見て俺が生まれた」と語る. このことはAの何を表しているのか. 3歳というときには, 自分と外界の区別がなされて自我境界が確立され, 自己も一貫性を獲得されていく. しかし, まさにそのときに統合されないものとして, "もう一人の自分"=俺が生まれた. さらに「3歳頃から少しずつ他の人格も生まれてきている」と語り, それらの人格と日常的に様々な交流がなされてきた. これらの解離性体験は, 解離性障害の様相を帯びているように見える. しかし, これは, 内と外とをつなぐために必要なものとして生まれてきたもので, いわば, 孤独を緩和し, 自分を守り, 外界との緊張を乗り越えていくために必要なものであったと考える. Aは, これらの"もう一人の自分"たちと死ぬことに同意が得られて実行したという. 本来なら, これらの"もう一人の自分"の存

在との関わりは，現実の他者との関係を結ぶ基盤であったり，自分をたしかな存在として位置づけられるものであるはずであるが，Aにとっては，前述のような存在として位置づけられなかった結果，引き起こされたものであると考えられる．これらの体験を面接の中で語られることは，まさに，生につながる体験となるのである．

　また，Aの面接過程の中で語られてきたものが，霊の存在である．この霊の存在は，Aの"もう一人の自分"の形を変えたものであると思われた．これらの霊の体験は，「想像上の仲間（imaginary companion）」と呼ばれる現象とも言える．「想像上の仲間」とは，単なる客観的な対象物ではなく，主観的な個人の内的世界から生み出されたものである．面接の中で，Aは幼い頃からずっと霊が見えているという．その霊は，時には「上を見たときの青い空を女の人が昇天していく」姿であったり，「車に乗っていたら，隣に霊が座ってきた」や「自転車の前かごに小さな人が座っている」とか「大きな目玉が家のお風呂の前の暗い廊下のところに見えた」と話す．その場所は，家であったり，適応指導教室の中であったりしており，時には，「今もここにいる」と面接室の中で語ったこともあった．Aの語る"霊"の存在は，現実世界と内的世界との中間に存在するものであるように考えられる．Aの中で抱えきれず，あふれてくる不穏な感じや強烈な不安は，現実世界と織り交ざった形として，外の対象に向けられていき，"霊が見える"として体験された．しかし，それまでは，"霊"は奇妙な体験であり，決して共有されないものであり，物語られるものではなかった．A自身にとってさえ，違和感として体験されていたが，面接の"場"という，いわば現実と空想のはざまにある中間領域の中において，"霊"の存在を物語ることで，それは，「生」へのエネルギーを持つものとして体験されていった．その中で，「ここにもいる」とAが語ったときにThにも"それ"ははっきりと体験された．これらの「解離性体験」と「霊」の体験は，物語られながら，徐々に，Aのファンタジーの色合いを持ちはじめた．Aは，詩を作り，小説を創作し，その情景や登場人物に，これらの体験を重ねていった．それらを面接の場に持ち込み，共有し，さらに，ブログという手段で，外界と触れはじめた．そして，"卒業＝別れ"という体験が，これまでのAの「存在する↔存在しない」という不安を顕在化させる体験となった．そのときに，Aは以前よりもぼんやりとした対象としての"霊"の存在を体験する．そうして「もっと力を強める．しかし，そうしたとしても，

見たいものだけを見れるのではない」と語った．そう，その"霊"の世界は，Aのこれまでのあり方そのものであり，その体験を内在化して，A自身が，不安を抱え，外の現実とつながっていく主体を持った存在となることなのである．Aは，その後は"霊"を見るということを語らなくなった．そうして，Aの「もう一人の存在」についても，物語として存在しているように思える．そのプロセスを促進したものは，治療の"場"という，中間領域的な"場"の力にあるのではないかと考える．

c. A と Th との関係性について

Aは，自殺企図をきっかけに来談したが，初回から「もう一人の自分がいる」という体験，"霊"の存在を面接の場に持ち込んだ．それは，Aの中でも違和感として体験されているものをAとThとの二者関係の中で，存在させようとするものであった．その体験は，Thには，時には淡々としたもののようにも体験されたり，生き生きと体験されるものでもあった．文字どおり，死と生の境界の存在である"霊"の体験が，現実と空想の境界である，中間領域＝面接の場で語られていたのである．そして，それが，徐々にファンタジーとしてその形を変えていったのは，何より，ともにその世界を体験する関係性があったからであると思われる．

おわりに

「不登校」とは，「学校へ行きにくくなっている」状況である．いわば，外の世界から距離をとり，自らを様々なものから守っている状況とも見れる．増井[7]は，不登校を「無理をせず，しばらく心を閉ざしてじっとしていなさいという，人間すべてに神が与えてくれている自然の内なる声がまだ聞こえていない状態」としてとらえ，まずはその声に耳を傾けていくことが必要であると述べている．まさに，カウンセリングはその作業である．学校へ行かないという事態は，学校や家庭など周囲にかなりの緊張感を生み出す．そのために，周囲は，その緊張感を緩めようと，その事態を何とかして動かそうとする．しかし，その動きは，さらなる緊張感を生み出すことにもつながるのである．まず，「不登校」＝「学校に行かない」「学校に行けない」という表現を通して，子どもたちが何を伝えようとしているのか，「不登校」という行動にどういう意味が隠されているのか，それら

に常に関心を向けて，語られる世界に寄り添うことが，子どもの回復のプロセスとなるのである．

　Aが語った体験は，内的な世界，空想的な世界，外的な世界と内的な世界のはざまと形を変えながら，徐々に外的な世界へとつながっていった．ちょうど，幼児が，ぬいぐるみなどの移行対象[5),6)]に別れを告げて，外的な世界へと船出していくように，Aも自ら，面接の場でその世界と別れを告げて，外界へと船出していった．Aにとって体験された，わけのわからない世界をわけのわからないものとして，Thとともに体験することができたことが，そのエネルギーとなったのである．不登校の子どもへの関わりにおいては，その子どもの世界に，じっと寄り添う姿勢こそが大切なのである．そして，子どもの力を信頼するということが重要なのである．　　　　　　　　　　　　　　　　　　　　　[広部　博美]

文　　献

1) Johnson AM, Palstein EI, Szurek SA, Svendsen M：School Phobia. *Am J Orthopsychiat* **11**：702-711, 1941.
2) 伊藤良子：日本における心理臨床の現状と今後の課題．In：森野礼一，北村圭三編：心理職・福祉職をめざす人へ．ナカニシヤ出版：1997.
3) 山中康裕：思春期内閉－治療実践よりみた内閉神経症（いわゆる学校恐怖症）の精神病理．In：中井久夫，山中康裕編：思春期の精神病理と治療．岩崎学術出版社：1978.
4) 山口　智：青年期における「想像上の仲間」に関する一考察：語りと体験様式から．京都大学大学院教育学研究科紀要 **53**：111-123, 2007.
5) Winnicott DW 著，牛島定信訳：情緒発達の精神分析理論（現代精神分析双書第II期・2）．岩崎学術出版社：1977.
6) Winnicott DW 著，橋本雅雄訳：遊ぶことと現実（現代精神分析双書第II期・4）．岩崎学術出版社：1979.
7) 増井武士：不登校児から見た世界－共に歩む人々のために．有斐閣選書：2002.

9 いじめをめぐる問題

9.1 いじめとそのイメージ

　学校で起こるいじめとは，教育関係者のみならず社会の多くの人々が関心を寄せる重大な教育課題である．そして今日，いじめは教育課題を越えて社会問題としても受け止められている．実際，2011年に起きたいじめが関連した中学生の自殺事件が，翌年メディアなどで大きく取り上げられたことをきっかけに，2013年，いじめ対応を目的とした法律である「いじめ防止対策推進法」が制定されたことは記憶に新しい．この法律の制定は，いじめが学校関係者が対応する教育課題であることを越えて，社会のすべての人が真剣に向き合い取り組んでいかなければならない社会問題であることを如実に物語っている．

　ところで，今日，人口に膾炙しているこの"いじめ"という言葉から連想される具体的イメージとはどのようなものだろうか．おそらく，それは「いじめとは学校での子ども間で生じるトラブルの一種であって，具体的には，特定の子どもが他の子どもたちによって一方的に攻撃されるような事態を指している．そして最悪の場合はいじめの被害を受けた子どもが自殺することもある」のようにして語られるイメージだろう．多くの人に共有されているこのようなイメージは，それ自体いじめの理解として決して間違ったものではない．

　だが，いじめという言葉に対してこのようなイメージが共有されるようになったのは，実はそれほど昔なのではない[1]．もちろん，いじめという言葉自体は昔から存在していた．しかし，"いじめる"のように動詞として，「学校」や「子ども」という文脈を越えて，一方的な嫌がらせに対して広く使われることが多かった．加えて名詞として使う場合は，"弱い者いじめ"のように上位の者が下位の者を虐げるような場合に広く使われており，「学校での子ども間のトラブルとして，自殺のリスクがある」のように限定的な文脈で使われていたわけではなかっ

た．

　実はこの 30 年ほどの間に，学校に通う子どもを主な対象と見なす比較的狭いイメージが，社会の中で急速に共有されるようになった．その最大の理由は，マスメディアがそのころから学校でのいじめが関連したと思われる子どもの自殺を大きく取り上げるようになったことによる．

　最初にマスメディアによって大きく報道されたいじめ関連自殺事件は，1986 年にまでさかのぼることができる．東京のある中学校に通う男子生徒（当時 2 年生）が，いじめを苦にして自殺した事件である[2]．自殺現場に彼の書いた遺書が残されており，その中に「このままじゃ生き地獄」というショッキングな言葉が記されていた．この事件はその後の報道や警察の捜査の中で，被害者へのいじめの一環として，いわゆる「葬式ごっこ」と称するいじめ行為が学校内で行われ，結果的ではあるが一部の教師が荷担していたことが明らかとなった．学校側の対応のまずさが厳しく批判され，いじめが教育課題を越えて社会問題化するとともに，今日流通しているいじめのイメージの原型が形作られるきっかけともなった事件である．

9.2　いじめと関連する行為群

　ところで，家族や友人など心理的に近い関係の中で，人の情動は大きく揺れ動く傾向にある．心理的距離が近い対象に対して，通常は愛や喜びのような肯定的な情動が強く引き起こされる．子どもを包み込むような親の温かい愛情，恋人へのときめきなどは肯定的な情動の典型例であろう．その一方で，近い関係であるがゆえに対象に対して強い憎しみや怒りのような否定的な情動も生じやすい．言うことを聞かない子への親の爆発的な怒り，裏切った友人への憎悪などは心理的な距離の近さを背景にして生じた負の情動と言えよう．

　そして，これらの負の情動が行動として顕在化し継続して表出されるとき，しばしばそれらの行為群に対して名前が与えられる．たとえば，それが親子間であるならば「虐待」，夫婦や恋人間であるならば「DV（ドメスティク・バイオレンス）」と呼ばれることが多い．これら以外にも「ハラスメント（セクシャル・ハラスメントやパワー・ハラスメントなど）」や「ストーカー行為」も，対象との関係に沿ってそれぞれ名前が与えられ，今日社会に定着した言葉となっている．

　いじめも同様に，距離の近さを背景にした負の情動から生じた行為群の 1 つで

ある．「いじめ」という言葉もこれらの行為群の中から，学校の子ども間という文脈に沿って析出されたものと言えよう．すなわち，これらの行為群は対象との関係に違いがあるものの，その本質は同根と見なすことができる．換言すれば，心理的な距離の近さを背景にした負の情動から生じる歪んだ人間関係という点では，これらすべての行為は同一線上に位置づけられるのである．これらの行為群で，いじめは1980年代頃という他に比べても比較的早い時期から社会的な注目を浴びてきた．そして，そのころに今日私たちが共通して持つようないじめのイメージが形作られたことは先に述べたとおりである．

その一方で，他の行為群もいじめ同様に昔から社会に埋め込まれていたものの，その多くは私たちが住む日本の社会が自力で発見し注目し名づけたものとは言い難い．その証拠に，DV，ハラスメント，ストーキングは外来語であり，欧米世界で掘り起こされ日本に輸入されたものだ．残念ながら，これらの行為群を表す適切な日本語は存在せず，今もなおこれらの外来語が使われたままとなっている．

これらのことからして，親密圏を中心とした負の情動による関係の歪みに，私たちの社会は決して鋭い感受性を持っていたとは言えない．むしろ疑問や危機感を持つことなく，これらの行為を甘受してきたとさえ言えなくもない．「目くじらを立てるようなことではない」と受け流したり，「やり返せばすむこと」や逆に「我慢すればすむこと」のように被害を受けた者に対して過度の努力や忍耐を強いることも多かった．時には「やられる方にも非がある」として，被害者を批判することさえ行われてきた面がある．

実は，いじめへの社会の注目とは，このような行為群を告発してこなかった伝統的な状況を変えるきっかけでもあった．いじめのみならず虐待，DV，セクハラ，ストーカー行為などの個々人の中の負の情動が深く絡んだ対人関係の歪みに注目し，それらに対して"No"と明確に主張できる状況を生み出したのは，いじめへの社会の注目が大きな契機となったのである．

9.3 いじめの定義の変遷とその意味

1980年代にいじめが社会的注目を浴びるようになって以降，文部科学省（当時，文部省）の主導のもとに学校教育の世界では，いじめの予防や対応に関して，「24時間いじめ相談ダイヤル」の設置，「スクールカウンセラー」や「スクールソーシャルワーカー」の学校への配置などの様々な対策が講じられてきた．これらの対策

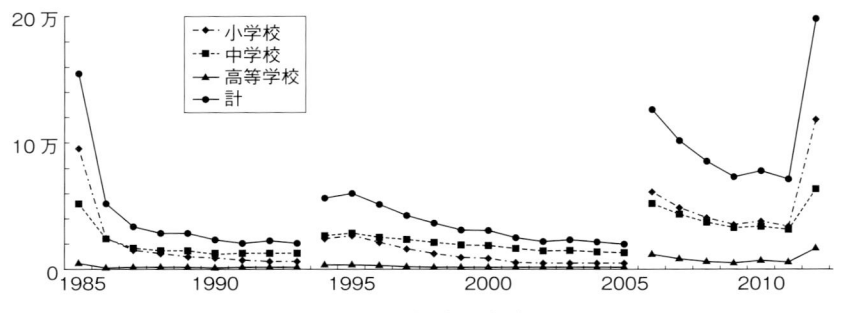

図 9.1 いじめの認知（発生）件数の推移

出典：e-Stat 政府統計の総合窓口
http://www.e-stat.go.jp/SG1/estat/GL08020101.do?_toGL08020101_&tstatCode=0000010
16708&requestSender=dsearch

を策定するうえで，その根幹をなすのがいじめの実態把握である．いじめの実際の件数を中心としたいじめの実態が不明では，適切な対策を策定することが難しくなる．また対策の成果に対して適切な評価を行うこともできない．

このいじめの実態の把握が始まったのは，いじめへの社会的な関心が高まった 1985 年である．そして今日に至るまで，全国の学校で起きた「いじめの認知（発生）件数」[1] をはじめ，「いじめ発見のきっかけ」や「いじめの態様」などのいじめの実態に関する調査が文部科学省によって行われ公表されてきた．図 9.1 はこれまでのいじめの認知件数の推移を表したグラフである．このグラフの特徴からいじめについて，とりわけ，いじめが情動といかに深く関わった問題であるかについて述べていきたい．

まず最初に気づくであろう図 9.1 の特徴は，3 つの折れ線から構成されている点にある．折れ線が 3 つの部分に分かれていること，つまり 1993 年度と 1994 年度の間，2005 年度と 2006 年度の間で線が途切れている理由は，この間にいじめの定義の変更が行われことによる．そのために厳密に言えば，これらの前後で件数の比較ができないことになる．

それでは定義の変更が行われた理由とは何か．それはメディアで大きく取り上

---

[1] 文部科学省のいじめ調査では，2005 年度まではいじめの「発生件数」と呼んでいたが，実際に把握できるのは認知されたいじめの件数であり，2006 年度の調査からは，「認知件数」との文言に改められた．よって正確な記述はいじめの「認知（発生）件数」となるが，本文では簡略に，以下「認知件数」と表記する．

げられたいじめが関連した子どもの自殺事件が，いずれもこれらの期間の前に起きたことによる．詳細は省くが，先に述べた1986年のいじめ関連自殺事件と同様に，これらの事件はメディアで大きく報道され，学校のあり方への厳しい批判が繰り広げられた．様々な批判の中でいじめ定義の不備も指摘され，その結果として定義の変更が行われた．

定義の不備への指摘とは，主として次のようなものであった．そもそもいじめを定義するためには，いじめといじめではない他の行為を区別する必要がある．そのためには，いじめと非いじめを区別できるような諸条件によって定義は構成されなければならない．最初の定義（1985年）は学術的ないじめ定義[3),4)]と重なっており，「非対称的な力関係（力のアンバランス）」「行為の継続性」「加害の意図」「被害の発生」の4条件をもとに構成されていた（表9.1）．

たとえば，「非対称的な力関係（力のアンバランス）」からは，もし逆の関係，すなわち両者の力が拮抗している状態であれば，その行為はいじめというより，

表 9.1 いじめの定義の変遷

1985年の定義（文部省（当時）） 　自分より弱い者に対して一方的に，身体的・心理的な攻撃を継続的に加え，相手が深刻な苦痛を感じているものであって，学校としてその事実を確認しているもの．なお，起こった場所は学校の内外を問わないこととする．
1994年の変更 　自分より弱い者に対して一方的に，身体的・心理的な攻撃を継続的に加え，相手が深刻な苦痛を感じているもの．なお，起こった場所は学校の内外を問わないこととする． 　なお，個々の行為がいじめに当たるか否かの判断を表面的・形式的に行うことなく，いじめられた児童生徒の立場に立って行うこと．
2006年の再変更 　個々の行為がいじめに当たるか否かの判断は，表面的・形式的に行うことなく，いじめられた児童生徒の立場に立って行うものとする． 　当該児童生徒が，一定の人間関係のある者から，心理的，物理的な攻撃を受けたことにより，精神的な苦痛を感じているもの．なお，起こった場所は学校の内外を問わない．
2013年の定義（いじめ防止対策推進法） 　児童等に対して，当該児童等が在籍する学校に在籍している等当該児童等と一定の人的関係にある他の児童等が行う心理的又は物理的な影響を与える行為（インターネットを通じて行われるものを含む．）であって，当該行為の対象となった児童等が心身の苦痛を感じているものをいう．

けんかと見なした方がよいと言える．また「行為の継続性」では，攻撃的な行為が継続的でなく1回きりであるならば偶発的な行為とも考えられ，いじめと見なさなくてもよい可能性が生まれる．このようにして，いじめと非いじめを区別するための4つの条件によって定義は構成されていた．加えてこの最初の定義では，「被害の発生」に関しては"深刻な"というより限定的な状況を強調する形容詞が添えられていた．さらには"学校としてその事実を確認しているもの"として，当事者の訴えよりも学校側の事実確認を優先する文言も加えられていた．

　すなわち，最初の定義はいじめと非いじめの区別を明確にするために多くの条件を入れ込んだ，比較的厳密な定義であった．しかしながら，この厳密さゆえにあいまいな行為のみならず，深刻ないじめの一部もいじめの認定からすり抜けてしまったのである．深刻ないじめがすり抜けた理由の1つは，たとえば，重大ないじめであっても表面上は単なる"ふざけ"や"遊び"のように見えることによる．もし周囲にそのように映ってしまえば，定義を構成する条件を満たさず，いじめの認定から除外されてしまうことになる．

　このことは，定義に厳密さを求めれば求めるほど，結果的に重大ないじめが見落とされてしまうリスクが高まってしまう．換言すれば，いじめ関連自殺の発生の背後に，時に定義の厳密さを口実とした深刻ないじめの見落としが起きてしまう．厳密に定義することがいじめの見落としにつながるようでは，形式上いかに立派な定義であっても，その定義は全く役に立たない．そんな批判が定義への批判の中心を占めていた．

　その後いじめの定義は，定義を構成していた諸条件を取り去っていくこととなる．現在の文部科学省の定義（2006年）は，上記の諸条件の中から「加害の意図」「被害の発生」のみを残した形となっている．また，"個々の行為が「いじめ」に当たるか否かの判断は，表面的・形式的に行うことなく，いじめられた児童生徒の立場に立って行うものとする"との文言が書き加えられ，当事者，とりわけ被害者の訴えを重視することが強調されている．この点は，最初の定義（1985年）で述べられていた"学校としてその事実を確認しているもの"とは対照的な内容となっている．

　つまり，定義によっていじめであるか否かの区別をすることが，もはや定義の主要な目的ではなくなったとも言える．いじめと非いじめの区別にこだわるよりも，いじめの恐れや疑いのある行為をすべてすくい上げることを優先したので

あった．すなわち明らかないじめのみならず，その周辺にある行為を可能な限り多くすくい取ることでいじめの見落としをなくし，いじめが関連した自殺のような悲劇が二度と起きないようにすることを定義の最大のねらいとしたのであった．

9.4 いじめと情動

　このような一連の定義の変更からわかることは，実は，いじめをどのように定義しようとも，正確にいじめの実態を把握することはきわめて難しいということだ．つまり厳密に定義しても，先にも述べたようにいじめを見落とすリスクがある．その一方で現在の定義のように，定義を構成する諸条件を取り除き被害者の心情に添うことを強調した内容とすれば，いじめの恐れや疑いのある行為のみならず，いじめとは無関係の行為をもすくい上げる可能性が生まれる．いずれの定義であっても，正確ないじめの実態把握が難しいことに変わりはない．

　このような定義を巡るジレンマは，いじめの定義のあり方を巡る学術的な議論以前に，実は，いじめが本質的に言葉で定義できない性質をはらんでいることに由来している．前で述べたように，いじめとは心理的距離の近さを背景にした負の情動の発現である．そして，この情動とは人の認知に影響を与え独自の心理的な現実を作り出す強い力を持っている．また，対象との関係，その人自身のスキルなどの様々な要因によって，たとえ同一場面であっても人の感じる情動は異なったものとなる可能性がある．さらに，情動の影響を強く受けて構築される心理的現実も人によって大きく違ってくる可能性が高い．

　たとえば2人の生徒AとBが，あるグループからからかわれたとする．そのとき，Aは軽妙な受け答えでその場を笑いに変えることができたならば，Aの感じる情動は快や喜びとなるだろう．片やBはからかいに対して何も返すことができず，この態度がさらなるからかいを呼んだとする．その結果，Bはこのグループに対して不快や怒りのような情動を感じるようになっていく．AとBの感じる情動は全く異なったものとなる．

　さらに，肯定的な情動を感じたAの場合，この情動の影響を受けて構成される心理的現実は「このグループと一緒にいると楽しい．いい仲間たち」のようなものとなるだろう．他方，否定的な情動の中にいるBの認知する現実は「このグループには近づきたくない．これはふざけでなくいじめだ」のように映るかも

しれない．置かれた状況がほぼ同じでも，この 2 人は全く異なった情動を感じるとともに，情動の影響を受けた状況認知や心理的現実も大きく異なることになる．

加えて，情動は個人内でも変化しその変化に伴って心理的現実も変容していくことがある．たとえば負の情動を感じた B の場合，その後の B の言動が運良くグループからウケたり，認められたりしたとする．そのような経験が続けば，B の不快や怒りは快や喜びのような肯定的な情動へと変化する可能性がある．もし肯定的な情動が優勢になれば，B の置かれた状況への認知も変容していくことだろう．「案外，このグループのメンバーはいい奴かもしれない」のように．

このように情動とは個人間で異なるのみならず，個人内でもしばしば変化していく移ろいやすい性質を有している．その結果，情動の強い影響を受けて形作られる心理的現実も個人間で異なるとともに，個人内でも変容していく可能性を持っている．そんな情動を起源とするいじめを，現象を分節化し一貫性と安定性を持ったまとまりにしようとする言葉によって完全に定義することは，おそらく原理的に不可能なのであろう．

いずれにせよ，以上のような情動の性質を考慮するときに，いじめの定義において重要な点はいじめと非いじめの明確な区別よりも，いかに予防や対応に寄与できるかという実践的な視点であろう．明確ないじめだけでなくいじめの恐れや疑いをもすくい上げることを目指す今日のいじめ定義への期待は，できる限り早期のいじめ発見という実践的な効果に尽きる．

この一方で，学校現場からは「これまでなら子ども間で解決してきたようなトラブルもいじめの疑いありと見なされ，これらの対応にも追われてますます多忙になった」との声がしばしば聞かれる．だが，いじめが見過ごされ子どもが死に至る悲劇が繰り返し起きてきた痛ましい現実を前にするとき，このような反復は何としても避けねばならないとの認識は，おそらくすべての人に共有されているはずだ．「自殺を防ぐことがすべてに優先されるべき」，これがいじめへの注目から約 30 年に及ぶ経過の中で得られた最大の教訓なのである．そして，今日のいじめの定義もこの教訓に基づいたものなのである．

9.5 認知件数の推移と情動

さて，いじめの認知件数を示す図 9.1 の特徴をもう少し見ていきたい．3 つのまとまりで構成されるこの折れ線の顕著な特徴として，それぞれのまとまりが

いずれも右肩下がり（2012年度を除く）で構成されていることに気づくだろう．この理由は一体何なのか．

実は認知件数が上昇している年には，いずれもその直前に上述してきたような社会で大きく取り上げられたいじめ関連自殺事件が起きている．いじめの認知件数の急増にいじめ関連自殺が深く関わっていたのだ．しかし，その後折れ線は右肩下がりとなっている．すなわち，事件報道が沈静化するにつれて認知件数も減少したことになる．いじめの実態調査が始まって以降，おおよそ10年単位で起きた大々的ないじめ関連自殺の報道による認知件数の急増，その後の報道の沈静化に対応した認知件数の減少，これらのことがこれまでに繰り返されていたのであった[*2)]．

すなわち，メディアによる大がかりな報道がいじめの当事者のみならず，子ども，教師，保護者などに大きな心理的影響を及ぼしていた．事件報道によって，「（友だちから）自分がされていることも本当はいじめではないか」「自分のクラスにもいじめがあるのではないか」「わが子もいじめられているのではないか」などのような考えを伴って生じる不安感が，子ども，教師，保護者の中で高まっていく．すなわち，いじめに対する意識の感度に変化が生じたのである．それは報道される以前のいじめへの低い感度から，より感度の高い状態への移行だ．言い換えれば，報道以前，「遊び」や「ふざけ」として見過ごされていた行為が，報道以降「いじめかもしれない」や「いじめにちがいない」へと変化していく．いじめへの意識が活性化され，いじめセンサーの感度が上がっていった．このことがいじめの認知件数が急増する主要な理由なのだ．

その後，報道の沈静化とともに，徐々に人々のいじめへの関心も低下していく．「喉元過ぎれば熱さ忘れる」の諺のようにいじめセンサーの感度は鈍り，目前で繰り広げられる行為が，再び「遊び」や「ふざけ」のように感じられるようになっていく．その結果，認知件数は減少していく．しかし，再度いじめが関連した自殺事件が大々的に報道されるとセンサーの感度は上がり，行為はいじめと見なされ認知件数は再び急増する．

---

*2) 2012年のいじめの認知件数の急増は，これまでの急増と同様，先に述べた前年のいじめ関連自殺事件の影響であると考えられる．ただし今回は定義の変更がなかったので，折れ線が途切れていないのに過ぎない．よって，右肩下がりであるこれまでの3回の折れ線と同様の変化を今後繰り返さないとは言いきれない．

メディアによる報道が人の心に不安や恐れなどの情動を惹起し、いじめへの認知に大きな影響を与えている。情動の力によって、いじめ認知は大きく増大していく。しかし、先述したように情動の不安定で移ろいやすい性質ゆえに、報道が止むことで不安や恐怖のような情動も徐々に消退していく。その結果、心理的現実も「いじめの世界」から「遊びやふざけの世界」へと再び移っていく。メディアによって喚起された情動の影響を強く受けたいじめの認知は、安定性や持続性に欠けるものとなりやすい。

加えて、インターネットや携帯電話を使って誰もが発信できるソーシャルメディアの発達した社会では、メディアの影響による新たな弊害が生まれるリスクも高まっている。2011年に起きたいじめ関連自殺事件では、翌年マスメディアで大々的に取り上げられたことをきっかけとして、この事件に関連する膨大な量の情報が個人によって発信されネット上を飛び交った。その中には明らかに誤った情報や人権上問題と思われる発言が含まれており、それらが拡散することにより様々な二次的被害が生じた。ソーシャルメディアによる負の情動の増幅が起きたのである。言い換えれば、ソーシャルメディアを悪用した"新たないじめ"が発生したのであった。

いずれにせよ、効と罪を併せもつメディアの力に頼るだけでなく、他の様々な理性的なツールを利用して、いじめセンサーの感度を安定的に維持していくことが必要であろう。たとえば、近年、学校で定期的に実施されるようになった「いじめアンケート」の役割は、第一義的にはいじめの早期発見である。だがこの役割に加えて、継続的な実施を通して、いじめへの関心の低下を防ぎ高いいじめ感度を維持することが、アンケートのもう1つの重要な役割となる。さらには冒頭で触れたように、近年制定されたいじめに関する法律も同様に、学校関係者のみならず社会のすべての人々がいじめへの感度を維持するためにあると言っても過言ではない。すなわち、この法律と法律に基づいて作成された「基本方針」[*3] に沿って学校や家庭や地域がいじめに向き合うことで、いじめへの視線の強さを維持することが期待できるだろう。メディアだけによらず、様々な理性的なツールを用いていじめへの感度を維持していくことが、いじめの予防や対応にとって重要なのである。

[*3] いじめ防止対策推進法では、国および学校がいじめの対策に関する基本方針を策定することが義務づけられている。

9.6 事例から

　いじめの認知件数を表したグラフから2つの特徴を読み取る中で，これらの特徴が生み出される背景に人の情動が深く関わっていることを示してきた．また，この情動は認知に強い影響を与えるのみならず，不安定で移ろいやすい性質を持つことを述べてきた．

　しかしながら，情動はいくつかの条件下でこの移ろいやすく不安定な性質が失われ，逆に堅固で安定したものへと変わっていく．時には特定の記憶と結びついた情動が，長期にわたって人の心に影響を与え続けることさえある．実は，いじめの被害者の場合，過去の不安や恐怖などの負の情動が消え去ることなく長期間にわたって認知や行動に影響を及ぼし続け，彼らの現在の"生きづらさ"の背景となることがある．ここでは事例を通して，いじめ被害者の抱えている情動とその影響について検討していきたい．

　男子大学生のDが大学の学生相談室を訪れたのは，2回生の晩秋のころであった．相談票の「主訴」の欄には，「学習意欲」とのみ書かれていた．初回，彼は次のような内容をカウンセラー（以下，Coと略記）に語った．

　2回生になってから授業の欠席が増え，アパートで1人でゲームをしながらぼんやり1日を過ごすことが多くなった．勉強の意欲がわかない．しかし「このままでは単位が取れなくなる．まずい」と思うようになり，今日，思いきって学生相談に来てみた．Coは，勇気を出して学生相談に来てくれたことをねぎらい，そのうえで〈授業がつまらない以外に，欠席が増えた理由は何かある？〉と尋ねた．すると，Dは「ずっとゲームをしているので朝起きられない」と語る．さらに「春休みにサークル（文化系の同好会）を辞めたことも影響しているかも」と言う．とくに何か事件のようなことがあったわけではなく，ただ親しい仲間ができず孤立している感じがして辞めてしまった．「辞める」と言ったとき真剣に引き留めてくれる人もなく，そのまま辞めてしまった．それ以降どこにも居場所がない感じがして「何事にも意欲がわかなくなった」と語る．

　〈親しい仲間はいるの？〉との問いにも，「今の学科に親しい仲間はいない」と答える．昔から友だちは少なかった．それでも高校では「大学に入ったら楽しもう」と決めて授業や勉強に集中していたので，1人でいることはそれほど苦にはならなかった．大学では，心機一転，仲間を作って楽しもうとサークルに入ったが，

結局うまくいかなかった．そして「今は授業や勉強に集中する気になれない」と語る．Co は〈どのような大学生活になることを望んでいるか〉について D に尋ねた．「心配なことは，単位を落として卒業できなくなること」と言う．「経済的に絶対留年はできない．4年間で卒業することが最大の望み」とはっきりと語り，初回のカウンセリングを終了した．

　その後，D は毎月2回程度，相談室を訪れるようになった．日々の生活の様子の確認や単位を落とさないための具体的な方法の話合いを中心に，カウンセリングは進んでいった．そして数か月が経ち，Co への信頼が増していく中で，D はこれまでの彼自身が経験してきた対人関係について少しずつ話すようになっていった．

　「中学校のころは最悪だった．よくいじめられた．不良の連中とは友だちではなかったのに，よくからかわれたりバカにされたりした．理由はよくわからないが，自分が彼らの"イジリ"の対象だったことはまちがいない．今でも不良を街で見かけると避けてしまう．言いたくないような嫌な思い出がたくさん残っている」と語った．また，「不良より，友だちからいじめられたことの方がもっとこたえた」と仲間からいじめられた体験に話が及ぶこともあった．「中1で同じクラスになった X は今でも許せない．最初はうまくいっていた．でも X を中心に自分を含め4人のグループができて，そのグループの中で徐々に自分が避けられたり，陰で悪口を言われたりするようになっていった．恥ずかしい話だが，最初は避けられたり陰口を言われたりしていたことに全く気づかなかった．今にして思えば，仲のいい友だちと思い込んでいた自分がバカだった」と X たちへの怒りと悔しさをあらわにした．

　「X たちは自分を陥れて笑いものにした．今でもときどき脳裏をよぎる嫌な思い出がある」と言って，次のような辛い思い出を語った．「『学校の体育館の裏で待っている』との連絡が入った．その場所へ急いで行ったところ，クラスの女子が1人でぽつんとそこにいた．その女子はクラスでいじめられていた生徒で，X たちが仕組んで自分とその女子が2人で会う場面を作ったのだった．このことも後でわかったことで，そのときは何が起きたか理解できなかった．その後，『2人はできている』との噂がクラス中を駆け巡った．たしかその女子生徒は，それから学校を休むようになったように思う．自分は休まなかったが，家に帰って1人になると学校で起きた出来事をいろいろと考えてしまい，頭が混乱して寝つけ

ない日が続いたことを覚えている」．また，「今でも当時の嫌な場面が夢に出てくることがある．普段はできるだけ考えないようにしているが，夜中にふと目が覚め当時のことが蘇り，『もっとこうすればよかった』とか『はっきり言ってやればよかった』とか，様々な考えが頭の中で渦巻いて寝つけなくなることが今でもある」と当時の体験に現在も苦しんでいる様子を語るようになっていった．

　もちろん，ここに記述したようにDはわかりやすく整理して話したわけでは決してない．日々の生活や大学での授業について語る中で，突然思いついたように断片的にいじめ被害体験やその影響が語られたに過ぎない．しかしながら，過去のいじめで感じた負の情動がマグマのように彼の心の中に閉じ込められていることが，断片的な話からも十分に伝わってきた．いじめを受けた当時からすでに6年以上経っているにもかかわらず，いじめを通して刻み込まれた負の情動は今の彼の心に影響を与え続けていた．彼の中のいじめは終わっていなかったのである．

9.7　負の情動の反復

　不安定で移ろいやすいはずの情動とこの情動を伴う記憶が，なぜ，長い時を経てもDの心の奥に存在し，今もなお影響を与え彼を苦しめ続けているのだろうか．

　中学時代のDの心には，不良やXたちによるいじめによって，恐怖や怒りや屈辱感など様々な負の情動が生じていた．その当時，Dが負の情動から解放されるためには，単純に言って2つの方法があったはずだ．1つは，Dが彼らに立ち向かう方法である．立ち向かうことで相手からの攻撃や嫌がらせが減れば，彼の負の情動も小さくなっていったはずだ．だが，おそらく相手の方が強いと感じられる状況に置かれていたDにとって，彼らに立ち向かっていくことは難しかったにちがいない．また力の差を無視して無理に立ち向かえば，もっと手ひどい反撃を受け，Dの中の負の情動はより深刻なものとなっていたかもしれない．いずれにしても，いじめる相手に立ち向かっていくという選択は，当時のDの中にはなかったであろう．

　そうであるならば，負の情動から解放されるもう1つの方法は，立ち向かうのとは反対に，その場を回避することであろう．ストレスフルな場から離れれば，必然的に負の情動は小さくなるはずだ．自らより強い相手からの攻撃や嫌がらせ

を避ける最も簡単な方法は，この不快な場からの回避や離脱である．だが，「学校を休まなかった」と言っているように，Dはいじめの主要な現場である学校から逃げることをしなかった．Dが欠席のような対処をなぜしなかったのかは定かではない．だが一般的に言って，今日の日本の社会では「学校は行くべき，安易に休んではいけない」という規範的な価値観が大半の子どもたちに内在化されており，このような考えがDの欠席にブレーキをかけたことは容易に想像できる．

人間は社会的な動物であり，社会が構築した枠組みやルールを意識的にも無意識的にも受け入れながら生きている．このようなあり方が，多くの場合，生存や生活にプラスの影響を及ぼすことは否定できない．社会的な枠組みやルールによって人は守られている．だが枠組みやルールに拘束されることによって，逆に"生きづらさ"が増幅してしまうことがある．社会的な枠組みやルールを守って学校に通い続けたことは，Dにとって，おそらく後者の経験であったにちがいない．

ともあれ，学校に行き続けることでDはいじめ加害者たちと顔を合わさざるを得なくなる．すなわち，Dはいじめによる負の情動を繰り返し体験してしまうことになる．ハーマン（Herman, JL）[5]は1回の出来事としては重篤性を帯びないにしても，それらを継続的に受け続けた結果生じるPTSD（心的外傷後ストレス障害）を「複雑性PTSD」と呼んでいる．すなわち，1回の出来事としては強い負の情動を引き起こさなくても，頻回にそれらを経験することで情動とこの情動を伴う記憶の固定化が生じ，その結果，日々の生活に深刻な支障が生じるのである．Dのようにいじめを繰り返し体験することも同様の状況を引き起こし，「複雑性PTSD」を発症するリスクとなる．

もちろん，大学生活を何とか送っている今のDを「複雑性PTSD」と見なす必要はないかもしれない．だが，逃げ場のない学校で頻回にいじめ被害を受けたことが，今のDに大きな影響を与えていることはまちがいない．頻回のいじめによる負の情動の反復的な体験が，もともと移ろいやすい情動を固定化させ，今のDの"生きづらさ"を生み出す理由の1つとなっているのである．

9.8　思考の影響と負の情動からの解放

上述してきたように，負の情動の反復体験は情動が固定化していくための重要な役割を果たしている．だがこれ以外にも，情動の固定化に大きな役割を果たし

9.8 思考の影響と負の情動からの解放

ているものが考えられる．それは人間が考える力を持っていること，すなわち人間の能力の1つである思考にまつわる問題である．

Dが当時を振り返って，「家に帰って1人になると学校で起きた出来事をいろいろと考えてしまい，頭が混乱して寝つけない日が続いた」と語ったように，自室でくつろぐような，ある意味，いじめ場面とは対極の安全な場でも負の情動は再燃していた．なぜ，安全な場でも情動は蘇ってくるのだろうか．「いろいろと考えてしまい」とあるように，ここには思考が深く関わっていると考えられる．

そもそも思考の重要な特徴とは，今不在である何かをこの場に再現させる力を持つことにある．すなわち考えを巡らせることで，今ここに存在しないものをこの場に再び生起させるところに思考の本質を見ることができる．この思考の力によって，過ぎ去った過去を現在に蘇らせ，まだ見ぬ未来を想像することが可能となる．その結果，人は現在のみならず過去や未来を生きる歴史的な存在になったと言える．また同様に文明や文化の形成も，不在を今に現出させるこの思考の力によるところが大きい．

このような思考の力は，通常，人間以外の動物にはきわめて限定されている．人間以外の動物にあるのは今であり，過去の苦痛を生起させる場面に今いなければ，通常この苦痛は今は存在しないことになる．人間だけが目前に存在しない過ぎ去った過去におびえる．人だけが思考の力で過去の情動を，今に再現する並外れた力を持っているのである．

Dの場合も，いじめられた場面とは全く異なる，家に1人でいるような場面で「いろいろ考えて」しまうことによって，いじめられたときの情動を再燃させていた．そして，このような思考が何度も繰り返されることで負の情動はより鮮明なものとなり，彼の中で固定化していった．いじめを巡る思考の反復が，彼をいっそう苦しめていたのである．

また，いじめに伴う負の情動は6年以上経った今も彼を悩ませる．「夜中にふと目が覚め当時のことが蘇り，『もっとこうすればよかった』とか『はっきり言ってやればよかった』とか，様々な考えが頭の中で渦巻いて寝つけなくなることが今でもある」と語っているように，就寝時のような意識水準の低下したときなどにDの思考は自動的に動きだす．いじめられた体験とこの体験で感じた負の情動が再現され，彼の安眠をしばしば妨げるのである．さらに「もっとこうすればよかった」とか「はっきり言ってやればよかった」と語っているように，今の思

考を通して悔しさや怒りなど，新たな負の情動が上書きされている．思考を通して，過去の情動の上に新たな情動が複雑に積み重なっていく．人間の優れた特性である思考が情動の固定化に深く関わってしまったのである．これらのことをDの語りから理解することができるだろう．

最後に，Dの語りに対してCoはどのように対応したのかについて述べておきたい．大学での授業やアパートでの過ごし方など，Dが語る日々の生活について耳を傾けるとともに，語られる内容に対して適宜質問するなどして彼の日々の様子を具体的に共有することにCoは心がけた．さらにアドバイスや励ましも行い，Dが日々の生活を円滑に送っていくための支え手となるように努めた．

だがその一方で，途中から徐々に語られるようになったいじめにまつわる話に対して，Coは適切な応答ができなかった．たとえば，辛かったいじめ被害体験に対してCoが〈大変だったね〉と共感的に伝えても，「先生は僕の辛さを本当にわかって言ってるんですか！」と，Dからは攻撃的に切り返されてしまうようなことがしばしば起きた．こんなとき，Coはどのような言葉を続ければよいか迷うことが多かった．

おそらく，Dの攻撃的な言動には，語りを通して彼の中で蘇ってくる負の情動が関連していたのであろう．そうであるならば，再燃した負の情動を目前にいたCoにぶつけるしか，彼の取るべき道はなかったのかもしれない．なぜならCoに向かって投げ出さなければ，この情動を再びD自身で抱えるしかなくなってしまうからだ．もしこの情動を再び自らに向ければ，彼はかつて感じた辛さや傷つきをもう一度体験することになる．再燃した負の情動を再体験しないための唯一の道は，攻撃的な言動を通して，これまで抱えてきた負の情動をCoに投げ出すことであった．

Coの側からすれば，このような状況はDから理不尽な攻撃を受けているように感じられた．そのため，Coの中にも怒りや不安のような負の情動が芽生えていた．このような場面でどのような応答をすることが適切であるのか，Coはわからなくなることがしばしばあった．Coは迷いの中にいた．だが，Coが心の中で唯一はっきりしていたことは〈Coの中に生じた負の情動を，Dに押し戻してはいけない〉であった．すなわち，〈そんな言い方は失礼だ〉と言い返したり，〈その発言は中学生の頃Dくん自身が感じた怒りから発している〉と解釈したりすること，これらのことを一切しないで，Dの前に居続ける覚悟を持つことであっ

た.

　Coが感じていた負の情動とは，Dの中にずっと存在していた情動の延長線上のものであり，ある面で，CoはそんなDの情動を追体験していたことになる．そしてこの情動をDに投げ返すことなく，Coの中でしっかり追体験することは，Dが負の情動から解放される契機となるだろう．なぜなら，CoがDからの攻撃を十分に受け止めることができるならば，Dの中の情動の力は弱まっていくからだ．他者に語ることが癒しにつながるとは，しばしばこのような事態を指している．

　ともあれ，辛かったいじめ被害体験を他者に向かって語れる範囲で語っていくことは，情動から解放されるための1つの道となる．このとき話を聞く他者が意味ある聞き手となるための条件とは，それまでに話し手からある程度の信頼を得ていることに加えて，語りの背景にある怒りや不安など話し手がずっと抱えてきた負の情動を引き受ける覚悟を持って彼に向き合うことだ．

　聞き手がこのような態度で接することができなければ，話し手の語りはこれまでの1人でいじめについて思いを巡らせてきたときと同様に，負の情動は再び自らに向かいさらなる情動の固定化を招いてしまうだろう．長年抱えてきた負の情動からの開放に向かうか，それともさらなる固定化へと向かい，いっそうの"生きづらさ"が生み出されるのかは，聞き手の態度に大きくよっている．

　過去のいじめにまつわる体験が無理なく語られ，そしてこの語りが信頼できる他者によってしっかり受け止められること，この一連のプロセスが繰り返されていくうちに，負の情動は少しずつ小さなものとなっていくだろう．そのとき，過去のいじめはやっと終わりを告げるのである．　　　　　　　　　　　　　［本間　友巳］

文　　献

1) 芹沢俊介：「いじめ」が終わるときー根本的解決への提言ー．彩流社：2007.
2) 豊田　充：「葬式ごっこ」八年目の証言．風雅書房：1994.
3) Olweus D：Bullying at School：What we know and what we can do. Oxford & Cambridge. Blackwell：1993（松井賚夫，角山　剛，都築幸恵訳：いじめーこうすれば防げる．川島書店：1995).
4) 森田洋司，清永賢二：新訂版いじめ：教室の病い．金子書房：1994.
5) Herman JL：Trauma and Recovery：The Aftermath of Violence. New York. Basic Books：1992（中井久夫訳：心的外傷と回復．みすず書房：1999).

10 保育所（園）・幼稚園で発見される心理的問題

臨床心理士である筆者は，2004年度から日野市教育委員会の保育カウンセラーとして定期的に幼稚園を訪問し，保護者の方々や先生方とともに幼児の健やかな養育に取り組んでいる．子どもたちを観察したり，面談を希望する保護者と話し合ったり，保護者を対象に講演会（写真10.1）や懇談会（写真10.2）を行っている．保育者とは，一人ひとりの子どもの発達のために検討会を持っている．

永年保育に携わっているベテランの保育者は，次のように語る．「親が変わってきた，と感じる場面に出会ってきた．一時，モンスターペアレンツとの名称も聞かれ，園に対して過大な要求をしたり，わが子のこととなるとなりふり構わず批判する親がいた．このときには，頭を悩ませながらも，保護者と話し合うことができた．ところが最近では，『園の方針には賛成で，子どもの主体性を尊重しながら子育てをしている』という自負のある，一見子育て優等生という親の存在が気にかかっている．園に対して協力的なのに，なぜか気になる．親子と保育現場との間に，何かが横たわっている気がするのである」と述べている．

2012年度から筆者は，神奈川県次世代育成課の事業で，神奈川県各地の保育

写真 10.1　講演会　　　　　　　　　　　**写真 10.2**　懇談会

［写真10.1, 10.2は，日野市立幼稚園長会長　井上宏子先生提供］

所（園）に赴き，乳幼児の発達上の課題に取り組んでいる．保護者との面談の前や，保育者とのカンファレンスの前に，必ず観察する時間を設けている．直接観察を通して子どもの発達と保育の状況を，臨床心理学の見地からアセスメントした後に，保育者あるいは保護者の相談に応じている．

ここ10年ほどの保護者の態度や考え方に，現場の先生方同様，筆者も変化を感じている．「多様」「柔軟」である一方，どこか「子どもっぽく」「安定性がない」のである．

10.1 保育カウンセリングの観点

a. 子どもと養育環境の理解

発達途上の子どもたちをアセスメントするために，カウンセラーに不可欠なことは，子ども自身の発達と養育環境の理解である．乳幼児期は「母子一体」と言われるほどに，保護者との関係が密な時期である．母親も，子どもの影響を受けているのである．

昨今，「プライバシーの尊重」の縛りのために，子どもの家庭に関する情報が入りにくい保育所・幼稚園が多いが，養育環境および生育歴の情報は子どもを理解するために不可欠である．「個人情報がむやみに漏れることはない」という安心感があれば，保護者は大切な情報を語ってくれるものである．心に関わるために何よりも大切なことは，信頼関係である．

b. 信頼感に裏づけられた関係性

保育者・保護者と保育カウンセラーが協働するために，信頼関係は不可欠である．人に関する「好き嫌い稚」を完全に払拭することは困難であっても，信頼関係なくして協働は成り立たない．保育カウンセリングが保育者・保護者に「役立つ」体験となるよう，保育カウンセラーには知識や技術はもちろんのこと，安定したパーソナリティが不可欠である．

心理臨床においては「スーパーヴィジョン」や「教育分析」という訓練によって，日々自分を磨く．「人が良い」だけでは，心に関わる任務には携われないのである．

c. 子どもの成長のアセスメント

発達途上の子どもたちを理解するためには，子どもの自由な言動を許容する環

境が必要である．発達の道筋の知識や観察の観点として発達心理学（乳幼児心理学）の知識を必要とするし，家族力動の理解に家族心理学の知見を要する．先達の努力によって構築された学問をもとに，しかし知識に曇らされることのない観察眼を持って，子どもの心身の状態と環境をアセスメントする．

d. 子どもを取り巻く大人

幼い子どもと親しく接している大人（親や祖父母，保育の先生方）は，子どもに多大な影響を与えている．子どもが育つために，大人たちから受け入れられているという安心感が不可欠であり，そのために大人たちは子どもたちに対する温かさと一貫性が必要である．

e. 子どもの生活空間（家や園や近隣の環境）

人間関係だけではなく，子どもの生活している家庭や公園や児童館，友だちや親戚の家など，子どもが生活する環境が，生物体としての子どもにとって快適であるかどうか．安定感とともに適度の刺激を子どもは体験できることが必要である．

f. 子どもの生活時間

毎日のスケジュールと，年間を通しての生活に，子どもに適度の自由と規律が与えられているか．昨今「大人になりきれない親」の増加によって，大人中心の生活を強いられている子どもが多いのである．

以上のような観点によって，子ども自身と環境のアセスメントが重要である．

10.2　保育現場における観察

集団での保育に当たっている保育者は，言動の乱暴な子，すぐ友だちに手を出す子，遊びや作業に集中できない子，会話のできない子，おとなし過ぎる子，などを気にする．また，保育者には，子どもが好きで一緒に過ごすことを生きがいと感じている人から，大人と接することには不安があるために幼い子どもならという理由で保育者になった人まで，保育者となった動機は様々であり，個々が抱えている課題も多様である．

一方，保護者には，わが子のことや，わが子に対する友だちや先生方の反応が過度に気になったり，子どもの発達に楽観的過ぎたり，子どもに関心が乏しかったり，親自身のことに夢中になって子どものことは二の次になったり，などなどの親がいる．

・子どもの遊びの内容や展開
・子どもの言語表現と身体の動き
・友だちへの関心や関係の持ち方
・年齢の異なる子どもへの関わり
・担任教師との交流（信頼を向けているか・指示に従えるかなど）
・担任以外の保育者や職員や来訪者への関心や態度
・保護者やきょうだいとの関係
さらに，
・保育者の，子どもや保護者への関わり
・園長，保育者同士，他の職員の関係
・保育環境（は明るく衛生的に整えられているか）
・保育方針（は受容的・発達促進的であるか）
など．これらを総合して，一人ひとりの子どもと，保育環境をアセスメントするのである．

10.3 保育所（園）・幼稚園で発見される問題

　保育カウンセリングは，子どもの観察の知見や保護者や関係者からの情報を総合してアセスメントし，それらの知見をもとに，親はじめ関係者との面談を行う．カウンセリングを進めながらもアセスメントを深め，当該の子どもと家庭に役立つように努める．

　伝えるべきことと，現時点では保育カウンセラーの胸に秘めておくべきことの判断は，重要である．その時点で伝えることが，保育者や保護者のために，そして子どものためにならないと思われる場合は，伝達を控える．

　保育カウンセリングにおける事例を紹介したい（来談者のプライバシー保護のために，本人が推定されるような情報は削除してある）．

事務職にあったある母親は，出産前後の3か月の休暇を経て職場に戻るために，近くに住む実母（子どもにとっての祖母）に子育てを依頼した．夫を早くに亡くした祖母は子ども好きで健康に恵まれていたので，孫の養育を喜んで引き受けてくれた．母親は，子どもに関わるよりも仕事が楽しかったので，祖母の家に子どもを預け，夜遅くに引き取りにいった．夕食も入浴も済ませている子どもは，半睡眠の状態で車に乗せられ家に帰り，翌朝も早くから祖母の家で過ごした．父親はわが子に関心が乏しく，休日も夫婦で遊びにいくために祖母に預けられることが多かった．子どもは，祖母に愛され，よく懐き，順調に成長していたので，父母は安心して新婚時期からの生活を変えることはなかった．

ところが全く予期しなかったことに，祖母が健康を害し，本児の世話が困難になってしまった．母親は，仕方なく子育てに携わるようになったが，祖母を恋しがるわが子に愛情を感じにくかった．子どもの自我の芽生えとも重なって反抗する子どもに，母親は困惑した．

保育園では，祖母に似た優しい保育者が担任であったのですぐに不安定になることはなかったが，やがて，イライラと友だちに当たることが増え，制作や食事の態度も荒れはじめた．

このような様子を心配した保育園では，母親との話合いを求めたが，母親は仕事が忙しいという理由で月日が過ぎていた．そんなころ，一緒に遊んでいた子どもから玩具を取ろうとして，友だちの腕に傷が残るほどに噛みついてしまった．友だちの親からのクレームによって，園としては放置できず，母親に面談を求めた．

園長と担任との三者面談の際，母親は園の対応に批判を述べ，自分自身には防衛的であった．困惑した園長は，保育カウンセラーと話し合ってみることを提案した．母親は乗り気ではなかったが，面談を打ち切りたい気持ちから，園長の提案に応じたのであった．

ここまでの経過報告を受けた保育カウンセラーは，母親との面談の前に，保育中の本児の様子を観察した．そして，母親との話合いは，保育中の本児の様子を保育カウンセラーが伝えることからスタートした．みんなで一緒に歌うときに，とても良い姿勢で元気に歌っていることや，紙芝居を見ている際の熱心さ，保育者への質問の的確さから発達の早いことが察せられること，などを伝えた．保育カウンセラーから責められることを懸念していた母親は，カウンセラーの報告に

安心して，今回の噛みつきについて自ら説明を始めた．わが子がしてしまった行為については先方に謝ったし，これまで園と連絡を密にしなかったことも反省している．ただし，自分は一生懸命に育ててきたのに，保育者にそれを認めてもらえないことが不満であった，と．

保育カウンセラーは，母親の気持ち，ことに祖母に育児の援助を得られなくなってからの母親の苦労を労ったうえで，今，子どもに必要なことについて話し合った．祖母と一緒に過ごせなくなった不安と，本児の自己主張（いわゆる第一反抗期）が重なって，母親にとって対応が難しいこと．さらに，自分の好みがはっきりしている子どもなので，他の子どもとぶつかることが多いであろうこと（「良い子」を好む傾向の大人には受け入れられにくい）などの，保育カウンセラーとの話に母親は納得し，来たときとは別人のようにすっきりした表情で退室した．

その後の園からの報告によると，母親だけでなく父親も園に関わるようになり，本児自身もクラスのリーダー的な存在なのだという．両親も本児も知的に良いことや率直な性格であることも幸いして，子育てを祖母に任せきって夫婦で楽しんでいた状態から親子3人の家族関係を作ることができたのである．

保育カウンセリングにおいて，保護者や保育者から相談されるのは，圧倒的に男の子が多い．保護者と保育者が女性であることが多いので，男の子に共感しにくいと感じる．また，女の子に比べて，男の子の言動は目につきやすいことにもよる．

次に，女の子の例を紹介したい．

ある日，幼稚園のホールの隅で，一見仲良く過ごしている2人の女の子たちが目についた．保育カウンセラーに保護者からも保育者からも相談のあった子どもたちではないが，気になって観察を続けていると，一方の子が涙ぐんでいる．もう1人の子は，声をひそめて責め立てている．それとなく保育カウンセラーが近づいてゆくと，積極的な子どもがおとなしい子どもに指示して，さらに隅へと移動する．カウンセラーは少し離れたところから様子を観察し続けていると，責める言葉は激しくなり，おとなしい子どもはしゃくり上げはじめた．近くに保育者の姿はない．カウンセラーは意を決して近づいて，2人に「どうしたの？」と声をかけた．「何でもない」と応えたのは，責められていた子であった．カウンセラーは「嫌なことは嫌と言っていいのよ」と伝えて，2人のそばから離れて，見守り

続けた．

　その場に居合わせたカウンセラーが声をかけたのが，適したときであったか，早過ぎたかは，判断が難しい．子どもたちの降園後の保育者とのミーティングでカウンセラーが報告した際に，その2人が「いじめ・いじめられの関係」にあることを保育者も多少気づいていたことがわかり，いじめに耐えて遊んでいるその子への配慮を話し合うことができたのであった．

　父母と子ども2人の，核家族の場合を紹介したい．

　下の子どもが幼稚園に入園して，子育てが一段落したころ，母親はある宗教に引き込まれていった．宗教団体の会合に，下の子どもを連れて参加する日も多くなった．幼稚園も宗教系のしつけの厳しい園であった．常に良い子を強いられている子どもは，年長に進級しても「お人形」のように，動けずにいた．心配した担任教師に勧められて，保育カウンセラーに会いにきた母親は，子どもの話をするより，宗教について熱心に語った．

　宗教の話の合間に，夫がパソコンの人生相談に熱中していることが語られた．毎晩パソコンの前に座って何時間でも応答し合い，休日には「カウンセラー」と称する人と喫茶店で会うこともあるという．保育カウンセリングについて妻から聞いた夫は，カウンセラーに関心を持って会いにきたが，パソコンによるカウンセリングの楽しさを語るばかりであった．夫と同年齢の女性カウンセラーはパソコンで何時間でも相手をしてくれて，しかも無料．「会いたい」と言えば，すぐに出てきてくれて，しかもお茶代も払ってくれるという．

　妻も夫も，個々に何回か保育カウンセリングに来談したが，お互いが熱中していることを話すばかりで，子どもについての話は深まらなかった．卒園式から間もなく，夫婦は離婚して，2人の子どもはバラバラになり，どこへ引っ越したのかもわからないという．「思い当たるところはないか」との問合せが小学校から幼稚園に入った，とのことである．

　この家族の子どもにとって，保育カウンセラーは無力であったことを無念に思い，祈るばかりである．

　カウンセリングにおいて，様々な家族に出会う．乳幼児の心理的な問題は，学童や思春期に比べ解決が早いのが一般的であるが，保育心理臨床の場においても，時に，家族の深刻な問題に立ち会うのである．

4歳のA君は，身体も大きく，動きは素早い．言葉も豊かであるが，友だちとの交流ができない．友だちが遊んでいる遊具に関心を持つと，力づくで取り上げてしまう．自分の意のままにならないと，暴力をふるう．次第に，女の子たちはA君を避けるようになり，多くの男の子はA君の家来になって，女の子を追いかけまわすようになった．

　担当の保育者は，彼に言って聞かせたり，小部屋に閉じ込めたりして反省を求めたが，乱暴は治まらない．ついに，園長が保護者と話し合ってわかったことは，A君の父親は家を出ていってしまい，母親が家計のために働き，休日はパチンコを稼ぎと息抜きにして，A君は年老いた祖母に預けられていたのであった．

　園長の勧めで，母親は保育カウンセラーに会いにいくことになったものの，仕事を理由に相談日の約束は破られた．そこで，カウンセラーは保育者と話し合い，A君に園全体で優しく対応する日々を重ねた．やがて，担任に甘えるようになり，友だちとも遊べるようになったころ，母親は面談に訪れた．保育カウンセラーは，まず母親の就労を労い，A君の友だちとの親しい交流について報告した．母親は，ホッとした表情になり，その後も折にふれ来談した．

10.4　保育カウンセリングの課題

　発達途上の子どもたちは，家庭との相互作用の姿であるとも言える．その子に適した家庭・保育のあり方を見出し，大人が力を合わせて協働するのが，保育カウンセリングである．

a.　保護者への支援

　「親だから子どもが可愛いのが当然」「親は子どものことを第一に考え，子どものためには親の生活を犠牲にするべき」という，かつてのわが国では当たり前であったことや，保育者が「正しい」と考えていることが通用しないことがある．

　時代とともに，大人の日常の生活のありようは変わっても，乳幼児が育つために必要な条件はそう変化はしない．心地良い衣服と寝具，ほど良い温かさのお乳，ゆったりと抱いてくれる胸と腕，落ち着いた快適な環境が，動物としては未熟児で産まれる人間の赤ちゃんに，必要なのである．子どもに母乳を飲ませながらテレビドラマに夢中になる親や，子どもを散歩させながら，あるいは自転車に乗せながら，携帯電話に熱中している親のことを見聞きする昨今である．

子育て講演会などにおいても，個々の家庭で工夫するべき質問が続出する．わが子の育児に真摯に取り組んでいる家庭はもちろんあるが，子どもの成長を配慮するより，大人中心の享楽的な生活が増えているのである．

b. 保育者との連携

保育カウンセリングにおいて最も理解を得たいのは，子どもと人生をともにしている保護者である．そのためにも，保育カウンセラーは全体に向けて講演をしたり，個別面談を希望する保護者と面談を行う．他の専門機関への紹介も行う．

しかし，子どもの養育に協力的でなかったり，ゆとりのない保護者が増えている現状において，保育者に親役割をも期待されることになる．「保護者の協力が得られないから」と，子どもを見放すことはできない．わが子の養育を最優先できない保護者に期待していては手遅れになってしまうので，保育者と保育カウンセラーの連携が不可欠なのである．

・保育者は，多くの子どもの成長を援助する．
・保育カウンセラーは，まさに配慮を必要とする子どもに関わる．
・保育者の活動の広さと，保育カウンセラーの理解の深さ．
・保育者の教育的関与と，保育カウンセラーの療育的配慮．
・保育者の母性的な温かさと，保育カウンセラーの父性的な厳しさ（この反対の場合もある）．

などが，程よく機能して，一人ひとりの子どもの発達は促進される．

保育者と保育カウンセラーの連携は，発達上に問題を抱える特定の子どもだけではなく，すべての子どもの養育をきめこまやかにするのである．

c. 地域社会との連携

子どもには，園での保育，家庭での生活の他に，地域とのつながりも必要である．身近な社会としての地域は，子どもたちを守り育み刺激を与える．

とくに，発達に何らかの支障のある子どもの場合，地域の温かい眼差しと励ましは不可欠である．子どもは，親のみによって育てられるのではなく，地域によって支えられている．

次代を背負う子どもたちが強靭な心身の力を養えるように，社会として取り組まねばならない．地域社会は，一人ひとりの人間の集合体なのである．

おわりに

　保育カウンセリングの発展は，保育カウンセリングに取り組む人材を養成することにある．幸いなことに最近では，臨床心理士になるための指定大学院を修了して資格試験の面接試験の際に，「保育カウンセラーを目指したい」と語る受験生が出てきている．

　日本臨床心理士会における保育心理臨床の研修会にも，毎年，多くの臨床心理士が参加して，お互いの臨床体験を交換し，切磋琢磨している．

　保育現場からの要請もあり，保育カウンセラーの研修の制度も整いつつあり，さらなる課題は経済的な保障である．

　社会は走るように変わっている．この不安定な時代の子育てを支援し，子どもたちの成長を支え，その子の課題を早期に発見するために，保育カウンセラーの全国的な配置を願いたい．スクールカウンセラーが全中学校に配置され，その実績が上がり小学校へも，と拡大された．小学校におけるカウンセリング活動の成果も上がりつつあるが，専門的支援を最も必要としているのは乳幼児期の親子である．生涯を支える基盤は，発達の早期構築されるのである． 　　　［滝口　俊子］

文　　献

1) 滝口俊子：子どもと生きる心理学．法藏館：1996．
2) 大場幸夫：子どもの傍らに在ることの意味―保育臨床論考．萌文書林：2007．
3) 滝口俊子，東山弘子編：家族心理学の実際　保育カウンセリングを中心に．ゆまに書房：2008．
4) 滝口俊子，山口義枝編：保育カウンセリング．放送大学教育振興会：2008．
5) 日本保育学会保育臨床相談システム検討委員会編：地域における保育臨床相談のあり方　協働的な保育支援をめざして．ミネルヴァ書房：2011．
6) 滝口俊子：保育の場における心理臨床活動の重要性．子育て支援と心理臨床 4．福村出版：2011．
7) 滝口俊子：保育カウンセリング（DVD）．医学映像教育センター：2011．
8) 坂上頼子：保育カウンセリング．In：村山正治，滝口俊子編：現場で役立つスクールカウンセリングの実際．創元社：2012．
9) 滝口俊子，下川和子：保育カウンセリングをめぐる一考察．立教女学院短期大学紀要　第44号：2013．
10) 日野市立幼稚園長会：子どもたちの未来のために―保育者と保育カウンセラーの二人三脚―：2015．
11) 滝口俊子編：子育て支援のための保育カウンセリング．ミネルヴァ書房：2015．

●索　引

AD/HD 様状態　74
autism spectrum disorder
　　（ASD）　42, 60, 101, 111
BDNF　23
CBT　77
DSM　100, 111, 121
DSM-III-R　111
DSM-IV　111
DSM-5　111
DV　154, 155
EMDR　77
ESTs　116
G 蛋白質共役型レセプター　43
GPCR　43
ICD　100
IEGs　45
L-型電位依存性カルシウム
　　チャネル　23
L-VDCC　23
NET　77
neurodevelopmental disorders
　　112
PACAP　45
PTSD　42, 73, 85
refrigerator mother　116
TF-CBT　77
WISC　102

ア　行

愛着　86
アクスライン　117, 126
アスペルガー障害　111
アセスメント　171, 173
遊び　86, 87, 97
アタッチメント　69, 78-80, 114
後追い　10
アメリカ心理学会　116

アルヴァレズ　117
安心感　172

石井哲夫　117
いじめアンケート　162
いじめ・いじめられの関係　176
いじめ関連自殺事件　154, 157, 162
いじめ定義　157
いじめの認知（発生）件数　156
いじめ防止対策推進法　153
1 年間生理的早産　13
遺伝子発現誘導　36
伊藤良子　117
イメージ　86, 87, 89, 95, 98

ウィニコット　3, 125
器（コンテイナー）　17

エコラリア　115
エピジェネティックス　31, 34
エンハンサー　35

大人になりきれない親　172

カ　行

解釈　115
回避　73
解離　79
加害の意図　157, 158
鏡文字　7
学習障害　118
覚醒度と反応性の著しい変化　73
下垂体アデニル酸シクラーゼ活性化ポリペプチド　45

家族心理学　172
家族力動　172
語り　96, 97
カナー　6
感覚機能　113
眼球運動による脱感作および再処理法　77
関係性　171
観察　170-172, 174, 175
カンファレンス　171
眼優位性コラム　21

基本方針　162
虐待　154, 155
客体表現　114
キャサリン　117
教育ネグレクト　72
教育分析　171
共感覚　26
共感的理解　116
鏡像遊び　115
鏡像段階　3
協調運動　114
協働　80, 171, 177
共同注視　9
強迫神経症　122
強迫的な同一態維持への欲求　6
恐怖体験　86, 87, 96
極端な孤立　6
切る　93, 95
緊急地震速報ごっこ　85, 86

クライン　5, 133
クロマチン　39
　──と記憶　37

欠損感　79
ゲノム刷込み　62

ゲノム編集技術　63
元型的イメージ　119
言語化　86, 96
幻肢　25
検討会　170
原発事故　86

行為の継続性　157, 158
講演会　170
恒久的欠陥　112
行動療法　115
広汎性発達障害　111
興奮性GABA入力　24, 38
心の器　18, 96
心の回復　86
個性化　132
個体識別　114
子どもの体験の断片化　79
コピー数多型　61
懇談会　170
コンテイナー　17
コンボイ　80

サ　行

最初期応答遺伝子群　45
再生　91, 95, 97, 98
酒木保　117
三者面談　174

自我の芽生え　174
自己主張　175
自己の歴史化　79
地震ごっこ　85, 86
施設経験者　80
施設入所児の学力不振　76
施設入所児の学校不適応　76
施設の小規模化　70
実況中継　115
児童館　84, 87, 90, 95, 97, 98
児童虐待　68
　　——の分類　72
　　——の防止等に関する法律　68
児童福祉施設　68
児童福祉施設最低基準　70
児童養護施設　68

シナプス病　64
死の不安　14
自閉症　4, 59, 111
自閉スペクトラム症（自閉症スペクトラム障害）　60, 101, 111
自閉性　112
自閉的精神病質　111
自閉度　112
集団遊戯療法　87
執着　114
自由と規律　172
柔軟性　2
主体表現　114
種特異的　113, 114
受容的　173
象徴化　87
　　——の機能　15
象徴的　92, 96-98
情動調律　109
情動としての存在　19
情動を感じる存在　19
初語　16
神経回路　58
神経活動依存的な神経回路形成　28
神経細胞新生　38
神経特異的サイレンサーエレメント　40
震災体験の違い　96
身体的虐待　72
心的外傷後ストレス障害　42, 73
心的トラウマ　126
侵入　89, 92
侵入（再体験）　73
信頼関係　171
心理的虐待　72
スクールカウンセラー　155, 179
スクールソーシャルワーカー　155
ストーカー行為　154, 155
ストーキング　155
スパイン　63
スーパーヴィジョン　171

刷込み　3
生育歴　171
精神疾患　60
性的虐待　72
生物体　172
セクシャル・ハラスメント（セクハラ）　154, 155
セルフ　132
セロトニン　63
染色体工学　62
選択性緘黙　123
専門的支援　179

早期幼児自閉症　6, 111
相互作用　177
喪失　84, 86
喪失体験　86
想像上の仲間　150
ソーシャル・サポート　69, 80, 81

タ　行

第一反抗期　175
対象喪失　86
対人コミュニオン　110
第2の揺らぎ　84
大脳辺縁系　59
代名詞使用　115
タスティン　117
脱錯覚　118
多様性　2

地域社会　178
知能検査　102
抽象的概念　115

つながり　95, 97
つなぐ　95
津波　84, 85, 87-90, 92, 93, 95, 97
津波ごっこ　85, 86

適応指導教室　148
転換性症状　122

同一化の機制　3
同一態　112
投影　87
動機　172
特別支援学級　76
ドメスティク・バイオレンス　154
トラウマ　73
トラウマ焦点化認知行動療法　77

ナ　行

内在化　97, 98
内的世界　95-98
内的ワーキングモデル　119
ナラティブ・エクスポージャー・セラピー　77

二次受傷　93
二次的外傷性ストレス　71
日本臨床心理士会　179
乳幼児期　179
認知行動療法　77
認知と気分の陰性の変化　73

ネグレクト　72

脳内環境　58
脳由来神経栄養因子　23

ハ　行

バウム　117
バウムテスト　103
箱庭療法　11
発達障害　100, 111
発達心理学　172
発達促進的　173
発達途上　177
破滅不安　125
ハラスメント　154, 155
パワー・ハラスメント　154
反射　115

阪神淡路大震災　85
ハンスの症例　123
反復的な遊び　77

ビオン　17
被害の発生　157, 158
東日本大震災　84, 98
被災体験　88
非対称的な力関係（力のアンバランス）　157
人見知り　10
一人でいられる能力　149
避難所　86, 87
描画　88, 89

不安感　77
不安症　121
フォーダム　132
複雑性PTSD　166
物理的現象と心理的現象　113
不登校　11
部分的対象関係　5
フロイト　13, 121

ベッテルハイム　117
ベンダー　14

保育カウンセラー　170, 179
保育カウンセリング　171, 173, 177
保育環境　173
保育者　170, 172-174
保育心理臨床　176, 179
放射能　86
保護者　173
ポルトマン　13

マ　行

マウスモデル　59

ミラーリング　115
見ること　3

無意識　95
　──の世界　86
無意識的領域　86

妄想的・分裂的ポジション　133
妄想分裂態勢　5

ヤ　行

山上雅子　117
山中康裕　117

遊戯療法　77, 85, 87, 93, 95-99
夢　11
ユング　132
養育環境　171
抑うつ感　77
抑制　91, 92, 95
夜泣き　15
寄る辺ない　14

ラ　行

ラカン　3

力動的心理療法　115
リード　117
臨界期　22
臨床心理士　170, 179

レオナルド・ダ・ヴィンチ　7
連携　178

ローレンツ　4

ワ　行

「私」の形成　115
〈私〉の生成の「内なる過程」　13

編者略歴

伊藤良子（いとう・よしこ）
1945 年　大阪府に生まれる
1985 年　京都大学大学院教育学研究科博士課程修了
現　在　京都大学・名誉教授
　　　　学習院大学大学院臨床心理学専攻・教授
　　　　教育学博士，臨床心理士

津田正明（つだ・まさあき）
1948 年　兵庫県に生まれる
1978 年　東京大学大学院薬学系研究科博士課程修了
現　在　富山大学・名誉教授
　　　　富山大学研究戦略室・学術顧問
　　　　薬学博士

情動学シリーズ 3
情動と発達・教育
―子どもの成長環境―

定価はカバーに表示

2015 年 9 月 20 日　初版第 1 刷

編　者	伊　藤　良　子
	津　田　正　明
発行者	朝　倉　邦　造
発行所	株式会社 朝倉書店

東京都新宿区新小川町 6-29
郵便番号　162-8707
電話　03(3260)0141
ＦＡＸ　03(3260)0180
http://www.asakura.co.jp

〈検印省略〉

© 2015〈無断複写・転載を禁ず〉

印刷・製本 東国文化

ISBN 978-4-254-10693-0　C 3340

Printed in Korea

JCOPY ＜(社)出版者著作権管理機構 委託出版物＞
本書の無断複写は著作権法上での例外を除き禁じられています．複写される場合は，そのつど事前に，(社) 出版者著作権管理機構（電話 03-3513-6969，FAX 03-3513-6979, e-mail: info@jcopy.or.jp）の許諾を得てください．

慶大 渡辺　茂・麻布大 菊水健史編
情動学シリーズ1

情動の進化
—動物から人間へ—

10691-6　C3340　　　　A 5 判 192頁 本体3200円

情動の問題は現在的かつ緊急に取り組むべき課題である。動物から人へ、情動の進化的な意味を第一線の研究者が平易に解説。〔内容〕快楽と恐怖の起源／情動認知の進化／情動と社会行動／共感の進化／情動脳の進化

広島大 山脇成人・富山大 西条寿夫編
情動学シリーズ2

情動の仕組みとその異常

10692-3　C3340　　　　A 5 判 232頁 本体3700円

分子・認知・行動などの基礎、障害である代表的精神疾患の臨床を解説。〔内容〕基礎編（情動学習の分子機構／情動発現と顔・脳発達・報酬行動・社会行動）、臨床編（うつ病／統合失調症／発達障害／摂食障害／強迫性障害／パニック障害）

日本女大 高櫻綾子・日本女大 請川滋大編著

子どもの育ちを支える　発達心理学

60021-6　C3077　　　　A 5 判 176頁 本体2500円

保育・福祉・教育系資格取得のために必要な発達心理学の基礎知識をコンパクトにまとめたテキスト。〔内容〕発達心理学とは／発達研究・理論／人間関係／言語／学習・記憶／思考・知能／自己形成／発達援助／障碍、臨床／子育て支援／他

東京成徳大 海保博之監修　甲子園大 南　徹弘編
朝倉心理学講座3

発　達　心　理　学

52663-9　C3311　　　　A 5 判 232頁 本体3600円

発達の生物学的・社会的要因について、霊長類研究まで踏まえた進化的・比較発達的視点と、ヒトとしての個体発達的視点の双方から考察。〔内容〕I．発達の生物的基盤／II．社会性・言語・行動発達の基礎／III．発達から見た人間の特徴

東京成徳大 海保博之監修　京大 桑原知子編
朝倉心理学講座9

臨　床　心　理　学

52669-1　C3311　　　　A 5 判 196頁 本体3400円

臨床心理学の基礎と理論を紹介する。〔内容〕概説／基礎―人格・発達・アセスメント／対象―神経症圏・精神病圏・心身症・境界例・実存的課題／アプローチ―精神分析・ユング派・行動療法・ロジャーズ派／応用―教育・医療・司法

東京成徳大 海保博之監修　奈良女大 伊藤美奈子編
朝倉心理学講座16

思春期・青年期臨床心理学

52676-9　C3311　　　　A 5 判 208頁 本体3400円

人格形成や発達の観点から、思春期、青年期の心理臨床的問題を理論・実践両面から考える。〔内容〕I自己と他者をめぐって（自己意識／関係）／II思春期・青年期の心の諸相（不登校／性／非行／自傷）／III思春期・青年期の心理臨床

海保博之・楠見　孝監修
佐藤達哉・岡市廣成・遠藤利彦・
大渕憲一・小川俊樹編

心理学総合事典（新装版）

52020-0　C3511　　　　B 5 判 712頁 本体19000円

心理学全般を体系的に構成した事典。心理学全体を参照枠とした各領域の位置づけを可能とする。基本事項を網羅し、最新の研究成果や隣接領域の展開も盛り込む。索引の充実により「辞典」としての役割も高めた。研究者、図書館必備の事典〔内容〕I部：心の研究史と方法論／II部：心の脳生理学的基礎と生物学的基礎／III部：心の知的機能／IV部：心の情意機能／V部：心の社会的機能／VI部：心の病態と臨床／VII部：心理学の拡大／VIII部：心の哲学。

子ども総研 平山宗宏・大正大 中村　敬・
子ども総研 川井　尚編

育　児　の　事　典

65006-8　C3577　　　　A 5 判 528頁 本体15000円

医学的な側面からだけではなく、心理的・社会的側面、また文化的側面など多様な観点から「育児」をとらえ解説した事典。小児科医師、看護師、保健福祉の従事者、児童学科の学生など、さまざまなかたちで育児に携わる人々を広く対象とする。家庭医学書とは異なり、より専門的な知識・情報を提供することが目的である。〔内容〕少子化社会の中の育児／子どもの成長と発達／父子関係／子どもの病気／育児支援／子どものしつけ／外国の育児／子どもと社会病理／虐待とその対策／他

上記価格（税別）は 2015 年 8 月現在